JN028157

ネットで売れる

ハンドメイド副業で

月10万円

稼ぐ本

Make money every month.

山口実加
Mika yamaguchi

技術評論社

はじめに

はじめまして。本書「ネットで売れるハンドメイド副業で月10万円稼ぐ本」を書かせていただきました、物販コンサルタントの山口実加です。

数多くある書籍の中で、本書を手に取っていただきありがとうございます。
この本を手に取っていただいたあなたは

「ネットショップを継続的に運用していくにはどうしたら…
安定した売り上げを作りたいのにできない。」

「ネットショップでの商品の売り方がわからず、開店休業状態。
安定した売り上げを維持できるネットショップを構築したい…」

「値段設定やどんな商品を作ればよいかに悩んでいる…」

「自分のブランドイメージがまったくわからず、
統一感がないことに危機感を感じている…」

「写真を撮るのがへたで商品のよさが伝わらない…」

こんなことを感じて、日々悩んでいらっしゃるかもしれません。

そうであれば、間違いなく本書があなたのお役に立てます。
このまま読み進めてください。

ハンドメイド商品を販売して実際に売れている人は、ほんの一握りです。
**1ヶ月あたりの売上が5,000円以下と答える人が
全体の32.1%というデータもあります。** ＊

＊【副業ハンドメイド作家】
作品販売で収入がある人は8割弱-1カ月の売上は？
(https://news.mynavi.jp/article/20230427-2665948/)

ただ少数ではありますが、この本のタイトルである1ヶ月あたり10万円以上商品が売れていると答えた人が2.3%。さらにこの2.3%の中には、100万円以上と回答していた方もいるそうです。

ではどうしたら、ネットショップで商品を販売して月10万円稼げるのか？

それは、あなたの商品を見込み客に見つけてもらって、買ってもらって、リピーターになってもらうまでの、一連の流れを学ぶ必要があります。

わたしは2013年にハンドメイドブランドを副業として立ち上げ、それから4年間は、イベント出店を中心に商品を販売し、2017年に法人を設立してお店の運営をしています。実績としては、大手ECサイト楽天市場に出店して半年で月商100万円を突破し、楽天ランキング（アンクレット部門）にてランキング1位をいただく人気ブランドに成長させてきました。

この実績を元に、現在は「物販ビジネススクール」も主宰しています。フラワーアーティスト、アクセサリーデザイナー、ファッションデザイナー、筆文字アーティスト、マクラメアーティスト、ポリマークレイ作家、編みぐるみ作家、木工作家など、たくさんのクリエイターとご縁をいただき、わたしのスクールに入学し、同じように商品購入の流れを学んでいます。

受講生は、

「開店休業中だったネットショップが、たった1ヶ月で20万円 を売り上げた！」

「ネットショップで商品画像を変更して、半年で200個販売できた！」

「ネットショップで売れる商品をリサーチして、1ヶ月で売上8万円になった！」

「Yahoo！ショッピングでランキング1位になり、取引先からの信頼度が上がった！」

といった成果を上げ、パート勤めの主婦が
ネットショップで商品を販売することを本業にできた人もいます。

それでは、本書が始まる前の心構えをお伝えします。
それは、「ハンドメイド」という言葉を気軽に使わない方がよいということです。

「ネットで売れるハンドメイド副業で月10万円稼ぐ本」という本なのに、
冒頭からびっくりさせてしまってすみません。

だけど、今後仕事としてハンドメイド商品を販売するなら、
これがもっとも大事なことになります。

ハンドメイドを否定するわけではないのですが、
世間では一般的に「ハンドメイド＝趣味」だと思われています。

中には、本気でハンドメイドアクセサリーブランドを立ち上げて、大手ECサイト楽
天市場に出店してランキング1位を取るほど、事業として販売をしているわたしの
ような人もいますが…どちらかというと少数派です。

「ハンドメイド」という言葉には、取引先が信頼して仕事を任せるほどの事業として
の取り組みを感じられないことが多いです。趣味として取り組んでいる人と仕事を
することは、取引先によっては不利だと判断される場合さえあります。

だから、ハンドメイドブランドこそ、まずは社会に伝わるほどのしっかりしたお店
感を作っていかなければいけません！　「ハンドメイド」だと思われないほどの徹底
したお店作りをすることで、社会から信頼と信用を寄せてもらえるようになります。

お店作りに欠かせないのがブランディングです！
そのあたりは第3章でたっぷり解説していきます。

この本には0からブランドを立ち上げて、ネットショップで販売するまでの方法論
がすべて書かれています。この本に書かれている通り商品を販売できたら、あなた
の商品は売れるようになります。ただ、売れるようになるか、ならないかは、あな
たの心構え次第です。

「ハンドメイド作家」という気持ちよりも、自分の商品を販売する店長として
「ショップオーナー」または「社長」だという心構えになっていないといけません。

ブランド名（屋号）を決めて、銀行口座を作りに銀行に行くと、行員に「社長」と呼ば
れます。わたしもはじめて「社長」と呼ばれた時はこそばゆい気持ちになりました。

あなたがハンドメイド商品を並べるお店は、あなたの「ブランド」です。
あなたはショップのオーナーであり、事業責任者ですよね？

あなたの代わりに商品を販売してくれる人はいますか？
あなたの代わりに商品を宣伝してくれる人はいますか？
いないですよね？

会社組織では、商品を開発して販売するまでの過程の中に
それぞれ決められた役割を担う部署があります。

市場調査をして、見込み客のニーズを満たす商品企画をするマーケティング部があり、商品作りをスタートさせるデザイナーが働く商品開発部があり、商品を製造する商品製造部があり、商品の宣伝戦略を練り、広告展開を進める宣伝部があり、商品のセールスを一手に引き受ける営業部があり、お客さまからの問い合わせやクレームに対して適切な対応を実施するカスタマーサポート部があります。

けれど、あなたのお店にはあなたしかいないですよね？　だったら、あなたがすべての部署の役割と責任を担ってすべての業務をあなた1人で取り仕切る覚悟と、会社のトップである自覚を持つ必要があります。

お店を経営するためには、見込み客に、商品を見つけてもらって、買ってもらって、リピーターになってもらうまでの、一連の商品購入の流れ（マーケティングの知識）を身につける必要があります。

よい商品を作っているだけでは、商品は売れません。
厳しいことを言うようですが、売れなければ、廃業するしかありません。

あなたはお店を持ち、「オーナー」「社長」として、たくさんの方に商品を届けていきます。これからあなたがやっていくことは、世界的ブランドのシャネルやルイ・ヴィトンと変わらないです。商品の品質はもちろん、梱包資材や、チラシ1枚にまで、お店としての一貫性を持って、ブランディングをしていきます。

家庭の用事が忙しくて休む会社員がいないように、むやみに休むことも許されません。あなたのハンドメイド起業・副業に、責任を持ってください。そこまで覚悟して真剣に向き合ってこそ、無名のあなたが生み出す商品が、お客さまにお金を払って買ってもらえます。

これからこの本を読むあなたには、ハンドメイド副業で成功する人になっていただき、起業も視野に入れてもらえるようになってもらいたいです。

好きなことを仕事にすることは、準備に時間は多少かかるけれど、無理なことではありません。ネットショップで商品を販売して、好きなことを仕事にできる仲間が増えることを、心から楽しみにしています。

さあ、あなたが作ったハンドメイド商品をネットショップで売っていきましょう！

Contents

目次

自宅で実践！
ハンドメイド販売の基本の考え方

爆売れ必至！
売れるハンドメイド商品を作る方法

Chapter 3 私らしさがあふれる！商品のブランド価値を高める方法

ネットで際立つ！
ハンドメイド商品写真を撮影する方法

minne で売る！
売れる商品ページを作る方法

目次

売上目標を達成する！ネットショップ運営の方法

お客さまが途切れない！
インスタグラム活用の方法

1

自宅で実践！ハンドメイド販売の基本の考え方

01 ネットショップで「自宅」に いながら販売する

● 実店舗販売のメリット・デメリット

　あなたは、ハンドメイド商品を作り、販売したいと思われていると思います。ハンドメイド商品を販売する方法は、大きく2つに分けられます。それが、実店舗販売とインターネット販売です。実店舗販売は、催事（ポップアップ）出店や、委託販売の形を取ることが一般的です。どちらも、店頭に商品を置かせてもらい、販売するスタイルです。一定の区画をもらって自分のお店を構えるのが催事（ポップアップ）出店。棚の一部に商品を陳列させてもらうのが委託販売です。どちらも、商品が売れた分だけ、代金が支払われます。

　実店舗販売の最大のデメリットは、「商品在庫」です。お店から提供された棚やスペースを埋めるだけの在庫を用意しないといけません。これは、それだけ多くの商品を作るための素材費用を先に捻出しなければいけないということです。素材費用は作った商品が売れれば回収できますが、売れ残れば赤字になる可能性があります。また催事出店の場合は、「販売員の人件費」も頭の痛い問題です。催事出店の場合、販売員の人件費は作家負担になります。また、店舗側に支払う「販売手数料」も必要です。

　有名店で販売すると1日何十万円もの売上になりますが、これらの経費によって、意外と手元にお金が残らないのが現実です。

例
1日の売上 ：5万円
販売手数料 ：50%
人件費 ：時給1000円
販売員数 ：1名
営業時間 ：9時間
会期日数 ：7日間
商品在庫 ：350,000円分 ※原価率30%

※催事出店の商品原価について
在庫を先に用意するため、商品在庫の製造コストと
その在庫を販売する会期日数で考える

算出方法は

（ 商品在庫金額 × 原価率 ）÷ 会期日数で算出

（350,000円 × 30%）÷ 7日間 =15,000円

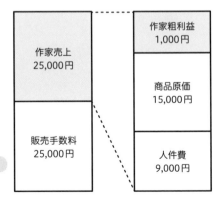

一方のインターネット販売では、ネットショップを利用してハンドメイド商品を販売します。ネットショップに商品を登録し、商品が売れた分だけ代金が支払われます。インターネット販売は、「自宅」にいながら販売できることが最大のメリットです。家にいながら、商品の構想を練り、制作して、写真を撮って、ネットショップに商品登録してと、すべての工程を自宅にいながら行うことができるのです。

インターネット販売では、先ほどお伝えした「商品在庫」「販売員の人件費」といった問題を解決することができます。また「販売手数料」は、実店舗販売と同様、商品が売れた場合に商品代金の何割かをネットショップ運営会社に納めます。しかし、実店舗と比べてその割合は少ない場合が多く、非常に助かります。

そしてネットショップであれば、過剰な「商品在庫」を用意する必要はありません。急な注文に備えて、数個の在庫を用意しておけば十分です。作家の中には、注文が入ってから制作する「受注生産スタイル」でショップを運営している人もいます。

最後に、「販売員の人件費」も必要ありません。商品ページをしっかりと作り込んでいれば、接客を必要とせず、自然に商品が売れていきます。作家は不慣れな販売をすることなく、得意な制作だけに専念できます。

インターネット販売のデメリットは、商品が埋もれてしまい、お客さまに見つけてもらえないということです。実店舗販売が、多くの人の目に触れ、認知度を上げてくれるのとは対照的です。インターネットには、無数のショップがあり、商品が山のように登録されています。その中からあなたの商品を見つけてもらい、選んでもらうのは至難の技です。しかし、この部分の対策は第2章で詳しくお伝えしますのでご安心ください。

自宅で実践！ハンドメイド販売の基本の考え方

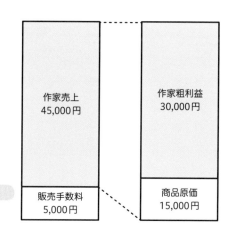

例 1日の売上 ：5万円
販売手数料：10%
人件費 ：0円
販売員数 ：0名
営業時間 ：24時間
会期日数 ：365日間
商品在庫 ：0円分 ※原価率30%
※ネットショップの商品原価について
1日の売上から考える

算出方法は

(1日の売上 × 原価率) で算出

(500,000円 × 30%) =15,000円

作家売上
45,000円

作家粗利益
30,000円

販売手数料
5,000円

商品原価
15,000円

02 ネットショップを使った 「直接販売」は利益率が高い

● 販売手数料が40〜60%の委託販売

　ハンドメイド商品を販売する際の形式は、委託販売と直接販売の2つに分けられます。委託販売は、委託先のお店にハンドメイド商品を預けて販売します。委託販売では、商品が売れた場合に、商品代金の何割かを委託先のお店に納める販売手数料が必要になります。一般的に、40〜60%くらいの販売手数料がかかることが多いです。例えば1,000円の商品を販売し、販売手数料が50%（500円）かかったとすると、残りの利益は500円になります。残った利益から、前述した「商品を作るための素材費用」と「販売員の人件費」を差し引くと、手元に残るお金はわずかです。

　一方の直接販売は、インターネット上に自分のネットショップを作り、ハンドメイド商品を直接販売する方法です。実店舗を借りることもできますが、家賃や人件費が発生します。ネットショップの場合、家賃や人件費は不要ですが、運営会社に支払う販売手数料が必要になります。ネットショップの販売手数料は、0〜15%くらいが一般的です。例えば1,000円の商品を販売し、15%（150円）の手数料がかかったとすると、利益は850円になります。経費を最小限にして、利益を最大化できるのが直接販売のメリットです。

1,000円の商品を売った場合

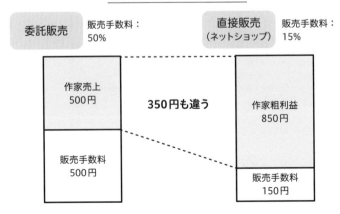

　このように高い利益率を実現できるネットショップですが、そのためにはネットショップの運用知識を身につける必要があります。運用方法を知らないままネットショップへ出店しても、他社の商品に埋もれてしまい、まったく売れない場合があります。多くのハンドメイド作家が「ネットショップでは売れない」と言っていますが、これはネットショップの運用知識を学んでいないからです。この運用方法について、詳しくは第2章でお伝えします。

　ネットショップのメリットとデメリットをまとめると、以下のようになります。あらかじめ確認した上で、ネットショップでの販売をスタートするようにしてください。

ネットショップのメリット

・在庫を自分の目で見て確認できる

・販売手数料が最小限

・自分の手の届く範囲ですべての業務ができる

ネットショップのデメリット

・ネットショップ運営の専門知識を知らないと売れない

・他社の商品に埋もれてしまいやすい

ネットショップの運用知識を学ばずに出店してもうまくいかない

自宅で実践！ハンドメイド販売の基本の考え方

03 ネットショップは「モール型」出店がおすすめ

● 「駅から離れた閑静な住宅街」自社サイト型ネットショップ

　ネットショップは、大きく自社サイト型ネットショップとモール型ネットショップの2種類に分けられます。代表的な自社サイト型ネットショップには、BASE、Stores、Shopify、COLOR ME、Make Shopなどがあります。モール型ネットショップに比べて、販売手数料が安い傾向があります。

　自社サイト型ネットショップは、例えると「駅から離れた閑静な住宅街」にお店を構えることです。自ら土地を買ってお店を建てられるので、好きな外装、内装でこだわりのお店を作ることができます。一見理想的なように思えますが、「閑静な住宅街」という点で、お店の立地が恵まれていません。お店の前を人があまり歩いていないので、お店にふらっと入ってくれる人がいないのです。がんばって集客しなければアクセス人数0なんてこともよくあります。そのため自社サイト型ネットショップに出店すると、集客に忙しくて商品制作に費やす時間がなくなる可能性があります。そうならないためにも、私はモール型ネットショップへの出店をおすすめしています。

自社サイト型ネットショップの特徴

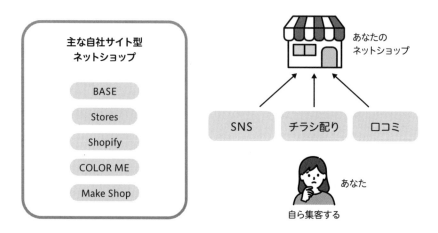

● 「駅直結の商業施設」モール型ネットショップ

　モール型ネットショップには、代表的なものとしてminne、Creema、メルカリ、楽天市場、Amazon、Yahoo!ショッピングがあります。自社サイト型ネットショップと比較すると販売手数料が高い傾向がありますが、特集企画やキャンペーンの開催など、販売するためのサービスが充実している場合が多いです。

　モール型ネットショップは、例えると「駅直結の商業施設」にお店を構えることです。商業施設の一角を賃貸で契約し、お店を開店するイメージです。ライバルは多いものの、立地は恵まれています。駅直結の商業施設なので、お店の前を人がたくさん歩いていて、ふらっと入ってくる人がいます。そのため、集客するための努力をそこまで一生懸命する必要がありません。開店したばかりのお店でも、1日10人程度、お店が認知されるようになれば1日30人以上のアクセス数は見込めます。集客に費やす時間を、商品制作に使うこともできます。

モール型ネットショップの特徴

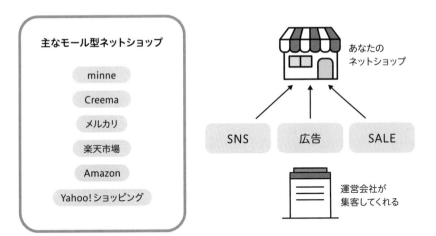

主なモール型ネットショップ

- minne
- Creema
- メルカリ
- 楽天市場
- Amazon
- Yahoo!ショッピング

あなたのネットショップ

SNS　広告　SALE

運営会社が集客してくれる

自宅で実践！ハンドメイド販売の基本の考え方

● 各モール型ネットショップの特性

　アクセス人数を稼ぎやすいモール型ネットショップですが、それぞれのネットショップで集客力に差がある点には注意が必要です。集客力の低い順から、「minne、Creema＜メルカリ＜楽天市場、Amazon、Yahoo!ショッピング」のようになり、それに応じて売上金額が変わってきます。minne、Creemaでは、利用している人はハンドメイド商品が好きな方に限られるので、毎月5万円くらいの売上が見込めます。楽天市場、Amazon、Yahoo!ショッピングに出店すれば、利用している人が多いので、毎月30万円以上の売上は見込めます。

　ただし、それぞれのネットショップによって、開設費用や販売手数料、また運用するための難易度は大きく異なります。minne、Creemaは無料で開設・利用でき、簡単にショップを開店できます。固定費をかけずにお店を持つことができるので、ネットショップ初心者におすすめです。一方、楽天市場、Yahoo!ショッピングは、ショップを開設するためのWebデザインやコーディングのスキルが必須になります。しかも、楽天市場では月額費用や各種手数料がかかります。ネットショップの運用に慣れた、中級者以上が出店するとよいでしょう。

　各モール型ネットショップで必要になる料金とスキルの内訳は、以下のとおりです。

❖ モール型ネットショップ

ネットショップ	月額費	販売手数料	必要なスキル
minne	0円	10.56%	なし
Creema	0円	10%	なし
Yahoo!	0円	0%[※1]	webデザイン、コーディング
楽天市場	19,500円〜[※2]	3.5%〜	webデザイン、コーディング
Amazon	4,900円	6%〜	webデザイン

※1 ストアポイント負担で1%〜15%、キャンペーン時に1.5%の手数料負担などが請求される
※2 がんばれ！プラン　234,000円（年会費一括払い）

❖ 自社サイト型ネットショップ

ネットショップ	月額費	販売手数料	必要なスキル
BASE	0円	3.6%+40円[※1]	なし
Stores	0円	0%[※2]	なし
Shopify	3,200円〜[※3]	0%	なし

COLOR ME	0 円〜 4,950 円	4%〜 6.6%	web デザイン、コーディング
Make Shop	11,000 円	0%	web デザイン、コーディング

※ 1 サービス利用料として 3% の販売手数料が請求される
※ 2 決済手数料として 3.6%〜 5% が請求される
※ 3 運営会社がアメリカの企業のため月額費が 29USD かかる

column インスタグラムからの導線は自社サイト型ネットショップに限られる

ここまで解説してきたように、集客に必要になるコストを考えると、モール型ネットショップに出店するのがおすすめです。しかしここで問題になるのが、インスタグラムからネットショップへの導線です。第7章で解説するように、ネットショップへの集客においてインスタグラムは欠かすことのできないツールです。ところが、現在インスタグラムからネットショップへリンクさせるための「商品タグ」をつけられるのは、自社サイト型ネットショップに限られています。そのため、インスタグラムからの顧客導線として、自社サイト型ネットショップにも出店しておくのがおすすめです。出店するなら、インスタグラムとの連携設定が比較的かんたんな「BASE」がよいでしょう。ネットショップの売り上げを最大化するために、最低でもモール型ネットショップと自社サイト型ネットショップをそれぞれ 1 つずつ出店するようにしてください。

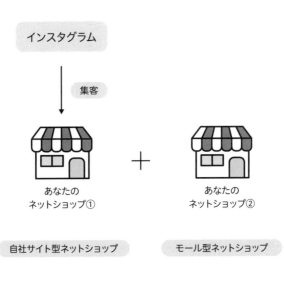

自宅で実践！ハンドメイド販売の基本の考え方

「ハンドメイド作家→ショップオーナー」「作品→商品」意識を持つ

● 趣味型の販売スタイルは、信用度が低く売上が伸びにくい

ここで、ハンドメイド商品を販売する上でのスタイルについて解説を行いたいと思います。ハンドメイド商品の販売スタイルは、大きく「趣味型の販売スタイル」と「仕事型の販売スタイル」に分けることができます。

趣味型の販売スタイルは、好きなものを好きなだけ、作れる数だけ作って売るというスタイルです。好きだから作っているというスタンスなので、商品の値段をつける際も、あなたの制作時間は考慮せずに、素材費用だけを加味して値段をつける人も多く、労力に見合わない安価な金額をつけてしまいがちです。こうしたスタイルでの販売は、値段が安価ということもあり、時としてすごく売れることもあります。しかし、作っても作っても儲からないというサイクルにはまり、次第にネガティブな気持ちになっていきます。結果的に、急な値上げを行い、安価な値段でファンになってくれたお客さまが離れていく可能性もあります。

また、「趣味型の販売スタイル」を取っている方の中には、1点ものの「作品」というスタイルで販売をしている人もいます。しかしネットショップでは、「作品」ではなく、毎回同じ品質、材料で作れる「商品」としての生産体制を整える必要があります。なぜなら、ネットショップのページは商品撮影を丁寧に行い、商品情報も細かく設定しているからです。手間と時間をかけて作り込むネットショップでは、1点売れたら販売するものがなくなる「作品」は向いていません。

最後に、趣味型の販売スタイルでは信用度が低く、売上が伸びにくいという傾向もあります。また、仕事だという自覚が乏しいため、家庭の用事を理由にハンドメイド活動をお休みしてしまう人もいます。中には、あなたの活動を「趣味」だと思っているので、家族が協力的でない場合もあるかもしれません。

● 仕事型の販売スタイルは、信用度が高く売上が伸びやすい

　一方の仕事型の販売スタイルでは、「ハンドメイド作家」ではなく「起業家」という意識を持つことが大切です。一般に「ハンドメイド作家」というと、好きなものを好きなだけ、作れる数だけ作るという「趣味」の要素が強いイメージです。しかし、仕事として取り組むのであれば、自ら商品を開発して、商品を販売した売上を収入として生きていく「ショップオーナー」という肩書きが最適です。

　仕事型の販売スタイルでは、商品を開発する前に、どの市場なら自分の商品が売れる見込みがあるのか、ハンドメイドという枠にとらわれず、小売業全般の市場を調査します。現在は、安価ですぐれた商品を販売している大手企業がたくさんあります。大手企業に値段で勝つことができなくても、商品の魅力や付加価値によってお客さまに選んでもらえる商品にできるのか。また、いくらくらいの値段ならお客さまに買ってもらえるのか。これらを調査した上で、利益を残せるかどうか何度もシミュレーションし、ようやく自分が販売する商品が決まります。

　また仕事型の販売スタイルは、信用度が高く売上が伸びていきやすい傾向があります。活動初期には、時間が十分に捻出できなかったり、家族の理解を得られなかったりすることもあると思います。しかし、どんなに忙しくてもお店の営業時間を定めて活動する、仕事という姿勢を貫いてください。売上という結果が出れば、自然と家族もあなたのハンドメイド活動を仕事だと認めてくれるようになります。ある程度売上が溜まれば、ハンドメイド販売を本職にすることもできます。

自宅で実践！ハンドメイド販売の基本の考え方

ハンドメイド作家		ショップオーナー
＝		＝
趣味		仕事
・好きなものだけを作る ・感覚で判断する ・時間をかけて制作する ・不定休営業をしている ・売り切れ商品が多い ・どんぶり勘定で考える	ハンドメイド作家も ビジネスマインドが必要	・売れる見込みのあるものを作る ・数字を見て判断する ・効率的に制作する ・カレンダー通り営業している ・売り切れ状態を失くす ・利益率を考える

ネットショップに必要な届出について

ネットショップでハンドメイド販売を始めるにあたって、申請が必要な書類がいくつかあります。ここで、しっかりと確認しておきましょう。

開業届の提出手続き

ハンドメイド販売を始めたタイミングで提出しておきたいのが、開業届です。開業届とは、事業によって所得を得ていることを国（税務署）に通知するための届け出です。法律上、販売を開始したら、その日から1ヶ月以内に開業届を提出することが義務づけられています。ただし、開業届の提出はあくまでも「義務」です。未提出だからといって、罰則はありません。実際、開業届を出さずにハンドメイド販売を行っている作家さんは多いです。また、扶養に入っている主夫／主婦の場合、ハンドメイド販売の収入が年商48万円を超えると扶養から外れてしまいます。開業届を提出するべきかどうか、よく検討してください。ちなみに私が開業届を出したのは、勤めていた会社を辞めて「ハンドメイドで起業して生きていく」という覚悟を決めたタイミングでした。

開業届は、税務署のホームページからダウンロードできます。開業届を出すメリットとして、青色申告による節税対策ができます。また、屋号で銀行口座を開設できるので、事業会社としての信頼感が増します。

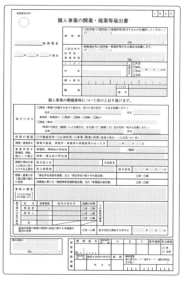

開業届は税務署のホームページからダウンロードできる

法人登記の申請手続き

法人登記とは、商号（社名）や本社所在地、代表者の氏名と住所、事業の目的など、取引上で重要な会社に関する事項を法務局に登録し、一般に開示することです。一般的に、年商が1,000万円を超えたときに事業会社から法人に切り替え、その際に手続きを行うことが多いです。ただし、年商1,000万円に満たなくても、取引先からの要望に応じて法人登記を行う場合もあります。私も、年商1,000万円に満たない状態で、取引先からの要望で法人登記をしました。

法人登記をする際は、会社・法人に関する登記の申請手続きを代理してくれる司法書士に依頼するとよいでしょう。士業の専門家に依頼する場合は、お住まいの地域の商工会議所に問い合わせると、紹介してもらえます。依頼する司法書士が決まったら、事業内容を共有し、定款を作成してもらいます。その後、資本金の入金、登記費用の入金（登記費用の目安は20〜30万円）、各種書類の捺印を行います。事前に、会社設立に必要な4種類の印鑑「代表者印（会社実印）」「銀行印」「社印（角印）」「ゴム印（横書き）」を用意しておきましょう。

ブランド名の商標出願方法

商標権とは、事業者が取り扱う商品・サービスにつける「ロゴマーク」や「ネーミング」を財産として守る権利のことです。商標権の存続は設定登録の日から10年で終了しますが、必要に応じて何度でも更新することができます。商標権を取得するには、特許庁へ商標を出願し、商標登録を受けることが必要です。商標登録を受けないまま商標を使用している場合、先に他社が同じような商標の登録を受けていれば、その他社の商標権の侵害にあたる可能性があります。

商標登録する際は、商標登録の申請手続きを代理して行う弁理士に依頼するとよいでしょう。お住まいの地域の商工会議所に問い合わせて紹介してもらいます。依頼する弁理士が決まったら、出願内容を相談し、商標登録願を作成してもらい、特許庁へ登録に行きます。商標登録にかかる費用は、区分数によって約5〜10万円前後です。商標出願が拒絶された場合、商品登録時にかかる費用は返金されないので、弁理士としっかり事前調査を行ってから出願してください。

その他の販売許可申請

その他、取り扱う商品やサービスによっては、販売許可を申請する必要があります。例えば食品の販売では、食品衛生法に基づく保健所長の許可を受けなければ営業できません。健康食品や化粧品の製造・販売も同様です。

中古品の 買い取り・販売	古物営業法	古物商許可	所轄の警察署 生活安全課
食品の販売	食品衛生法	食品衛生法に基づく 営業許可	所轄の保健所
健康食品 サプリメントの販売	食品衛生法 薬機法（医薬品医療機器等法） ※種類による	食品衛生法に基づく 営業許可 薬機法に基づく許可 ※種類による	所轄の保健所 ※種類による
酒類の販売	酒税法	通信販売酒類小売業 免許 ※ネットショップで2つ以上 の都道府県に販売する場合	所轄の税務署
医薬品の販売	薬機法（医薬品医療機器等法）	薬局開設許可 特定販売届出	所轄の保健所
医療機器 コンタクトレンズの 販売	薬機法（医薬品医療機器等法）	「高度管理医療機器」 などの販売業の許可	所轄の保健所
化粧品の製造・販売	薬機法（医薬品医療機器等法）	化粧品製造販売許可	所轄の保健所

2

爆売れ必至！
売れるハンドメイド
商品を作る方法

01 売れるハンドメイド商品を 作るためにやるべきこと

● 売れるハンドメイド商品を見つける

　第1章では、ハンドメイド販売を行う上で知っておきたい基本の知識を解説してきました。第2章では、それでは「どのようなハンドメイド商品を販売すればよいのか？」「どのようにすれば売れるハンドメイド商品を開発できるのか？」について解説していきます。あなたが作りたい商品を、ただ好きなように作って売るだけでは、お客さまの心をつかむのは難しいです。「あなたが作りたい」ではなく、「何を作れば売れるのか？」という視点を持つことが、ハンドメイド起業で成功するためには不可欠です。

　それでは、「お客さまに求められている商品」をどうやって見つけたらよいのでしょうか？　大手企業であれば、リサーチ会社に依頼して市場調査を行い、売れる見込みのある商品を開発していきます。つまり、どのような商品が売れるのかあらかじめリサーチを行い、その結果「売れる」とわかった商品を作ればよいのです。そして、実はこれと同じようなリサーチが、インターネットを使えば誰でも簡単にできてしまうのです。

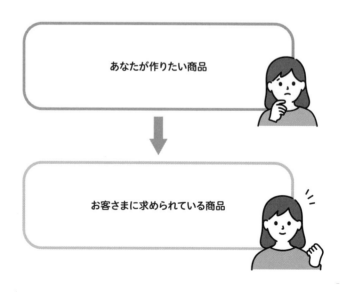

● 商品を見つけてもらうための条件

　そもそも、ネットショップで商品を販売するためにもっとも大切なことはなんでしょうか？　それは、お客さまに自分の商品を「見つけてもらう」ことです。例えば、出店しているネットショップの検索窓に商品名を入力し、あなたの商品が検索結果に表示されるかどうか、確認してみてください。たいていの売れないネットショップは、検索窓に商品名を入力した際に、あなたの商品は表示されません。何十ページ目、もしくは何百ページ目かにあなたの商品が表示されているかもしれませんが、それでは見つけもらうことはできません。このような現状を、商品が「埋もれてしまった」状態と呼びます。

　例えば「ピアス」を買いたいと思っているお客さまは、ネットショップの検索窓に「ピアス」と入力します。すると、「ピアス」の検索結果が表示されます。その際、お客さまの80%は、検索結果のすぐ下に表示される1ページ目の商品の中から、デザインの好みや値段が合うものを選びます。残り20%のお客さまは、2〜3ページ目に表示される商品までじっくり見て、ほしい商品を探します。4ページ目以降の商品を見るお客さまは0％です。商品をお客さまに買ってもらうには、検索結果の3ページ目までにあなたの商品が表示されていないといけないということです。これを、「検索結果で上位表示される」と言います。

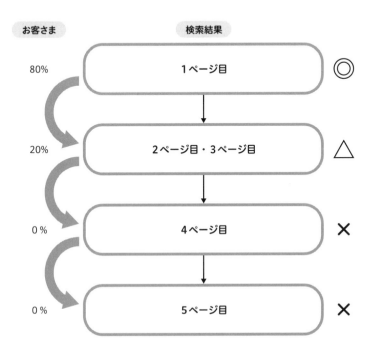

爆売れ必至！売れるハンドメイド商品を作る方法

● 売れる商品作りはリサーチ力が鍵

　それでは、どうすれば他の商品の中に埋もれてしまうことなく、検索結果の1ページ目にあなたの商品を表示させることができるのでしょうか？　それには、リサーチを行い、「売れるカテゴリー」「売れる市場」「売れるキーワード」「お客さまのニーズ」「お客さまの悩み」を見つける必要があります。

　本章ではこれらのリサーチを、「ネットショップのトップページ」「Google トレンド」「サジェストキーワード」「ラッコキーワード」「お客さまからのレビュー」を使って行っていきます。最初は、「ネットショップのトップページ」から、自分の商品に適した「売れるカテゴリー」を選ぶことから始まります。次に「Google トレンド」を使って、競合他社が参入しない「売れる市場」を見つけます。ここでの「売れる市場」とは、「ニッチな市場」のことです。「ニッチな市場」でトップシェアをとることで、自然と検索結果に表示されるお店になります。そうすれば、広告費を最小限に抑えて、安定的な売上を維持することができます。続いて「サジェストキーワード」を活用し、「売れるキーワード」を調べます。最後に「ラッコキーワード」と「お客さまからのレビュー」で、「お客さまのニーズ」を捉えます。これらのリサーチによって「お客さまの悩み」を解決する商品が作れれば、売れる商品の完成です。

● ハンドメイド作家の「利益」の勘違い

　これらのリサーチによって「売れる商品」が見つかったら、次に考えなければならないのが「商品の利益」です。利益を見込める商品でないと、売っても売っても赤字になってしまいます。実際に、起業1年目の私は利益計算をどんぶり勘定で行っていたので、売っても売っても手元にお金が残らないという恐ろしい経験をしました。

　利益というと、一般的に売上から費用を差し引いたものになりますが、ハンドメイド作家にはハンドメイド作家なりの利益の計算方法があります。特に重要なのが、「商品を作る人件費」と「包装資材費」です。商品を作るあなたの人件費は無料ではないので、なるべく時間をかけずに高品質なものを作る工夫をして、工賃を抑えなければなりません。さらに、商品を発送する際の梱包資材や、ギフト包装なども経費がかさみます。この部分の経費を1円単位で切り詰める計算方法についても、本章で解説します。

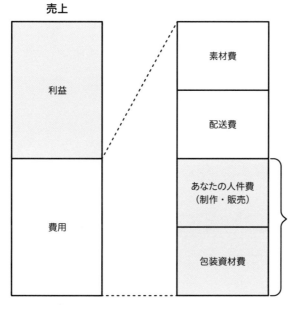

02

STEP1

「売れるカテゴリー」を見つけ出す

● 出店するネットショップにあるカテゴリーを選ぶ

　売れるハンドメイド商品を作るためのリサーチを行う最初の一歩として、まずは自分の商品が属するネットショップのカテゴリーを見つけましょう。ネットショップのカテゴリーは、通常、ネットショップのトップページに一覧表示されています。ネットショップのカテゴリーは、同じ種類の商品を分類することで、お客さまが商品を見つけやすくするためのものです。ネットショップにおいて、カテゴリーに該当しない商品は検索される回数が極端に低いです。つまり、お客さまに見つけてもらえず、結果として「売れない」商品になってしまうのです。ネットショップで売るためには、まずはネットショップのカテゴリーに当てはまる商品を作らなければなりません。

◀ minne のカテゴリー一覧

◀ Creema のカテゴリー一覧

◀楽天のジャンル一覧

◀ Yahoo! ショッピングのカ
テゴリー一覧

カテゴリーを見つけ出すための2ステップ

　それでは、自分が出品するネットショップのカテゴリーを調べて、自分の商品が該当するカテゴリーを探してみましょう。ここでは、minneでカテゴリーを調べる方法をご紹介します。

1

あなたがアクセサリーを作っているなら、大カテゴリーは「アクセサリー・ジュエリー」を選択します。

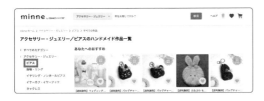

2

あなたが「ピアス」を作っているなら、小カテゴリーは「ピアス」を選択します。

● カテゴリー探しのポイント

　ハンドメイド商品のカテゴリーを選ぶ際は、必ず複数のカテゴリーを選ぶようにします。複数選ぶことができないという場合は、あなたの「これまでの実績」や「得意なこと」を軸に、最大限に広げて考えてみましょう。例えば現在はピアスしか作っていなくても、「イヤーカフ」「ネックレス」「ブレスレット」も作れそうなら、それらのカテゴリーも選択してください。現在は「アートパネル」しか作ったことがなくても、「フォトフレーム」「カフス」「帯留」「名刺入れ」も作れそうなら、それらのカテゴリーも選択してください。これまでに作ったことがないものでも、作れそうなもの、すべてのカテゴリーを選んでみてください。なるべくたくさんのカテゴリーを選んだ中から、あなたに最適なカテゴリーを絞り込んでいきます。

　なお小カテゴリーを選択する際、「その他」は選ばないように注意してください。「その他」を検索するお客さまは少ないので、「検索されない＝売れない」可能性が高くなります。

作れそうなもののカテゴリーを広げていく

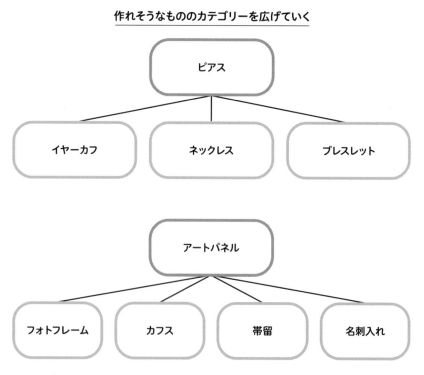

カテゴリーの中の「その他」に含まれる商品は、売れる見込みがないので選んではいけない

「やりたいこと」「実績」「儲かる市場」が当てはまるカテゴリーを決める

ネットショップで販売する商品カテゴリーを選ぶ際、基準としたい3つの条件があります。それが、「やりたいこと」「これまでの実績／得意なこと」「儲かる市場」です。これら3つの条件に当てはまるカテゴリーを見つけることが重要です。

ハンドメイド作家の場合、「やりたいこと」は明確だと思います。これまでにあなたが作ってきたもの、これから作ってみたいと思っているものが、「やりたいこと」です。ネットショップで商品を販売することは、楽なことばかりではありません。商品の売れ行きが思うようにいかず悩むこともあります。そんな時に自分を奮い立たせるためにも、「やりたいこと＝好きなこと」をすることがもっとも重要です。

次に、今まであなたがやってきたことの中から、「人から評価された実績」のあることを選び出します。大会で賞を取った経験などがあれば、お客さまがあなたの商品を買う際の説得材料になります。受賞経験がなくても、長く続けていることがあれば、それでもよいでしょう。お花の教室を5年やっているなど、人から聞いてすごいと思われる実績があれば十分です。

最後に、「儲かる市場」を見極めます。売れないハンドメイド作家は、「好きなものを作りたい」という気持ちが先行しすぎていることが多いです。それでは、残念ながら商売にはなりません。儲かる市場を見極める具体的な方法は、次の項目から解説していきます。

やりたいこと（好きなこと）

×

人から評価された実績

×

儲かる市場

この3つの条件が当てはまるカテゴリーを見つけ出すことが重要

爆売れ必至！売れるハンドメイド商品を作る方法

「売れる市場」を見つけ出す

● 競争の少ない市場＝ブルーオーシャンを狙う

　前節では、「売れる商品」が属する複数のカテゴリーを選択しました。続いて、それらのカテゴリーの中から、あなたの商品に最適な「売れる市場」を見つけていきます。市場は、大きく「レッドオーシャン」と「ブルーオーシャン」の2つに分けられます。

　「レッドオーシャン」とは、血で血を洗うような競争の激しい市場のことです。多額の資本金がある大手企業と価格競争しなければいけないため、スモールビジネスのハンドメイド作家は避けるべき市場です。一方の「ブルーオーシャン」は、競争相手の少ない「ニッチな市場」です。競争相手が少ないので、「レッドオーシャン」と比較して市場のトップシェアを取りやすく、利益の出やすい市場と言えます。ただし、市場規模があまりにも小さすぎると、そもそもお客さまがおらず、売れない可能性があります。広告予算を抑えて、検索結果の上位表示や無料のSNS投稿だけで商品の露出を増やすのであれば、最低でも1億円程度の規模のある市場に参入することがポイントです。

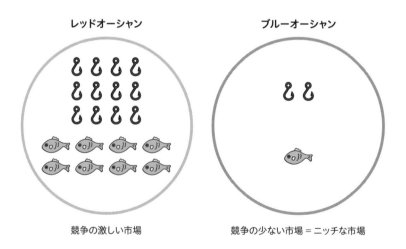

レッドオーシャン　　　　　　　　　　ブルーオーシャン

競争の激しい市場　　　　　　　　　　競争の少ない市場＝ニッチな市場

● Google トレンドを使って「ニッチな市場」を見つける

　あなたが商品を出品するニッチな市場を見つけるには、「Google トレンド」(trends. google.co.jp）を利用します。Google トレンドは、Google 社が提供している、キーワードの検索回数の推移がわかるツールです。無料で、リアルタイムのデータを参照することができます。

　なお、Google トレンドには具体的な検索回数が表示されません。そのため、複数のカテゴリー名を入力し、比較しながらニッチな市場を探していきます。例えば検索回数の目安として、私も販売しているカテゴリー「アンクレット」を入力して、比較してみてください。アンクレットは市場規模が 1 億円程度と、ニッチな市場の典型例です。「アンクレット」の検索回数と同じ、もしくは「アンクレット」の 4 倍くらいまでのカテゴリーなら、あなたに最適な「ニッチな市場」となります。

例：「イヤーカフ」「ネックレス」「ブレスレット」の場合

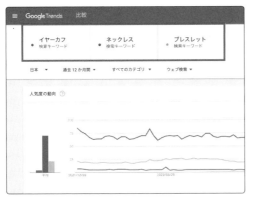

1

例えば、あなたが選んだカテゴリーが「イヤーカフ」「ネックレス」「ブレスレット」だったとします。これらのキーワードを、検索欄に入力します。

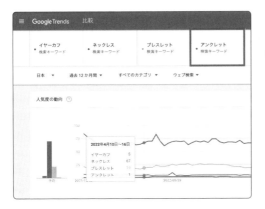

2

検索欄に、目安となる「アンクレット」を入力します。

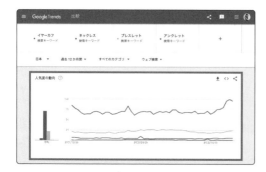

3

「アンクレット」と比較して、「アンクレット」の検索回数と同じ、もしくは4倍くらいまでのカテゴリーを探します。

・「イヤーカフ」はアンクレットの約4倍なので、ニッチな市場となる
・「イヤリング」はアンクレットの約10倍なので、参入するカテゴリーから外す
・「ネックレス」はアンクレットの約69倍なので、参入するカテゴリーから外す
・「ブレスレット」はアンクレットの約20倍なので、参入するカテゴリーから外す

例：「フォトフレーム」「カフス」「帯留」「名刺入れ」の場合

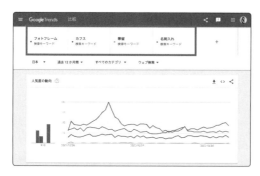

1

例えば、あなたが選んだカテゴリーが「フォトフレーム」「カフス」「帯留」「名刺入れ」だったとします。これらのキーワードを、検索欄に入力します。

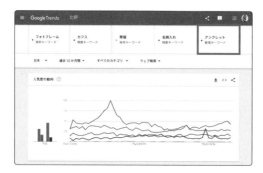

2

検索欄に、目安となる「アンクレット」を入力します。

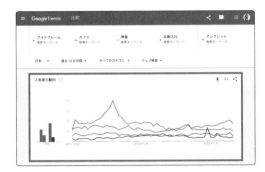

3

アンクレットと比較して、「アンクレット」の検索回数と同じ、もしくは4倍くらいまでのカテゴリーを探します。

・「フォトフレーム」はアンクレットの約3倍なので、ニッチな市場となる
・「帯留」はアンクレットを下回るので、参入するカテゴリーから外す
・「カフス」はアンクレットと同じくらいのボリュームなので、ニッチな市場となる
・「名刺入れ」はアンクレットの約3倍なので、ニッチな市場となる

　以上の調査から、「イヤーカフ」「フォトフレーム」「カフス」「名刺入れ」がニッチな市場であるということがわかりました。ニッチなカテゴリーの商品であれば、検索結果の3ページ目までにあなたの商品が表示され、お客さまに買ってもらえる可能性が高まります。このようにGoogleトレンドを利用して、あなたの商品を出品する市場を探し出してください。

爆売れ必至！売れるハンドメイド商品を作る方法

ニッチな市場で「専門店」に見せる

column

　ここまで解説してきたように、販売する商品のカテゴリーを絞り込み、ニッチな市場を見つけていくことは、勇気が必要です。一見なんでも商品が揃っているお店の方が、売上が上がるように錯覚するからです。しかし、ニッチな方向へとカテゴリーを絞ることで、メッセージが明確になり、「専門店」に見え、訴求力が高まります。特に起業初期のお店は、「専門店」に見せることで、お客さまの信頼を獲得できます。さらに、制作する商品が限られる専門店にすることで、自ずと材料費も抑えることができます。資金の少ないスモールビジネスにとって、材料費が抑えられることによって堅実な経営ができるというメリットがあります。

04

STEP3

「売れるキーワード」を見つけ出す

● サジェストワードを調査する

　売れる市場、すなわちニッチな市場のカテゴリーが見つかったら、次に行うのが検索する際に利用される「売れるキーワード」を見つけることです。検索する際のキーワードには、「ビッグワード」と「サジェストワード」の2種類があります。

　ビッグワードは、検索エンジンで多く検索される、汎用的なキーワードです。例えば、「ピアス」や「ネックレス」「イヤーカフ」「カフス」「フォトフレーム」などの固有名詞です。一方のサジェストワードは、ビッグワードを入力したあと、続けて「このキーワードで検索しますか？」と提案されるワードです。ビッグワードと組み合わせて利用されることから、別名「複合ワード」とも呼ばれています。

　サジェストワードは、インターネット上に蓄積されたデータから予測し、提案されたものです。そのため、サジェストワードはお客さまの「ニーズ」そのものともいえます。また、サジェストワードを利用することでキーワードがさらに絞り込まれ、あなたの商品が検索結果の3ページ目までに表示される可能性が高くなります。

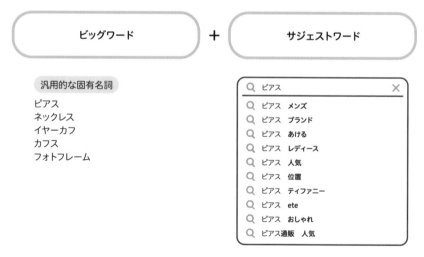

サジェストワードにはお客さまのニーズが含まれている

● Google Chromeを使って「売れるキーワード」を調査する

「売れるキーワード」は、「Google Chrome」(google.com/chrome/) を使って調査していきます。Google Chromeは、Googleが提供する無料のWebブラウザです。あらかじめ、パソコンやスマートフォンにインストールしておいてください。

最初に、Google Chromeの検索窓にビッグワードとして「イヤーカフ」と入力します。これは、P.36で見つけ出した「ニッチな市場」を表すキーワードの1つです。すると、検索結果件数が表示されます。ここでは「約11,400,000件」と表示され、非常に多くのイヤーカフに関するネットショップやホームページ、ブログなどが存在することがわかります。そして、約11,400,000件もの中からあなたの商品が3ページ目までに表示されるのは、とても難しいということがわかります。

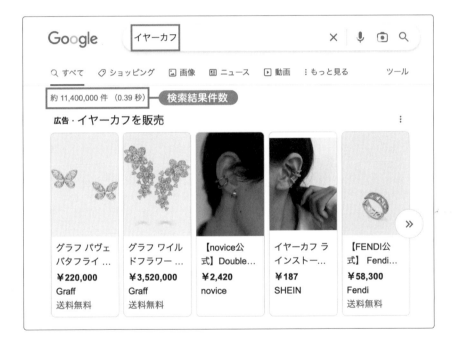

次に、検索窓にサジェストワードを追加してみましょう。「イヤーカフ」と入力した
タイミングで、サジェストワードが自動で表示されていると思います。

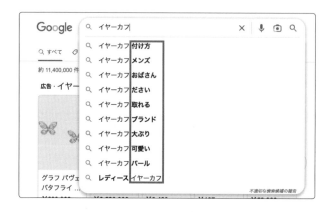

ここでは、以下のようなサジェストワードが表示されました。

「イヤーカフ　付け方」「イヤーカフ　メンズ」「イヤーカフ　おばさん」
「イヤーカフ　ブランド」「イヤーカフ　大ぶり」「イヤーカフ　パール」など

この中から、あなたの商品に該当するキーワードを選択します。ここでは、「イヤー
カフ　大ぶり」を選択してみます。すると、検索結果が切り替わり、「1,680,000件」に
なりました。

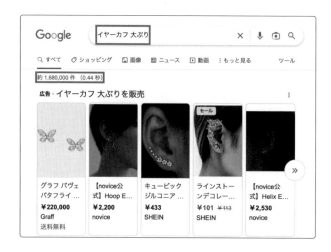

さらに「イヤーカフ　大ぶり」のあとにも、サジェストワードが提案されます。

「イヤーカフ　大ぶり　落ちる」「イヤーカフ　大ぶり　付け方」
「イヤーカフ　大ぶり　芸能人」「イヤーカフ　大ぶり　パール」
「イヤーカフ　大ぶり　フープ」

　そこで「イヤーカフ　大ぶり　フープ」を選択してみると、「1,090,000件」になりました。

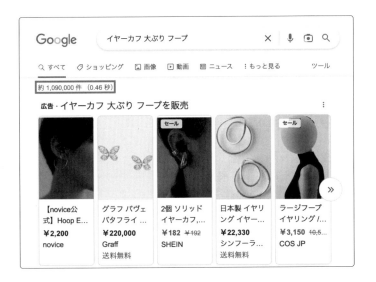

　このように、提案されるサジェストワードの中から商品に該当するものを選択していくと、検索結果の件数が少なくなっていきます。1,100万件よりも100万件の方が、あなたのネットショップが上位表示される可能性が高くなることはわかりますよね？

　このようにサジェストワードを効果的に使うことによって、「売れるキーワード」へとキーワードを絞り込んでいくことができます。キーワードを絞り込めば絞り込むほど、購入意欲の高いお客さまに商品を見つけてもらえるようになります。漠然と「イヤーカフ」と検索している人よりも、「イヤーカフ　大ぶり　フープ」と絞り込んで検索する人の方が、購入意欲は高いです。購入意欲の高いお客さまが来店し、そのお客さまに商品の魅力を伝えることができれば、買ってもらえる確率が高まります。

爆売れ必至！売れるハンドメイド商品を作る方法

STEP4
「お客さまのニーズ」を捉える

●「ラッコキーワード」で人気のキーワードを調査する

　ここまでで、「売れるキーワード」を見つけることができました。続いて、これらの
キーワードをさらに深堀りし、お客さまのニーズを捉える方法を紹介していきます。
ここで利用するのが、「ラッコキーワード」(related-keyword.com) というツールで
す。「ラッコキーワード」は、無料で使えるキーワードリサーチツールです。「ラッコ
キーワード」では、Googleでの検索に加えて、楽天市場やAmazonのサジェストワー
ドまで調査できるので、購買意欲が高いお客さまがネットショップ内で検索している
キーワードを知ることができます。

　それでは、ニッチな市場だとわかった「イヤーカフ」「フォトフレーム」を、「ラッコ
キーワード」の検索欄に入力してみましょう。ここではショッピング目的のユーザーが
検索するサジェストワードを調査したいので、検索後の画面で「Googleショッピング」
のボタンをクリックします。すると、サジェストワードが人気順に表示されます。検
索ボリュームが多い、左上に表示されるものから順番に見て、あなたの商品に取り入
れられそうなキーワードを選んでいきます。

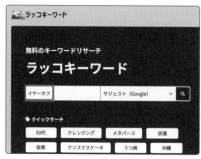

ラッコキーワードのトップページでキーワードを入力する

Googleショッピングのボタンをクリックする

「イヤーカフ」の場合

イヤーカフのサジェストとそのサジェスト	イヤーカフ+A
イヤーカフ	イヤーカフ amazon
イヤーカフ	イヤーカフ 赤
イヤーカフ メンズ	イヤーカフ アレルギー対応
イヤーカフ 付け方	イヤーカフス
イヤーカフ ブランド	イヤーカフ アクリル
イヤーカフ型ワイヤレスイヤホン	イヤーカフ アガット
イヤーカフ イヤホン	イヤーカフ アクアマリン
イヤーカフ 大ぶり	イヤーカフ アネモネ
イヤーカフ パール	イヤーカフ アニメ
イヤーカフ おばさん	**イヤーカフ+B**
イヤーカフ チェーン	イヤーカフ ブランド
イヤーカフ メンズ	イヤーカフ ブランド メンズ
イヤーカフ メンズ ブランド	イヤーカフ ブランド 50代
イヤーカフ メンズ ダサい	イヤーカフ 星
イヤーカフ メンズ ハイブランド	イヤーカフ ブランド 40代
	イヤーカフ ブランド 20代

「**イヤーカフ　大ぶり**」
→大ぶりなイヤーカフを作ろう

「**イヤーカフ　パール**」
→パールデザインのイヤーカフを作ろう

「**イヤーカフ　チェーン**」
→チェーンデザインのイヤーカフを作ろう

「フォトフレーム」の場合

フォトフレームのサジェストとそのサジェスト	フォトフレーム+A
フォトフレーム	フォトフレーム アンティーク
フォトフレーム	フォトフレーム a4
フォトフレーム おしゃれ	フォトフレーム a3
フォトフレーム 壁掛け	フォトフレーム 赤ちゃん
フォトフレーム プレゼント	フォトフレーム アクリル
フォトフレーム おしゃれ北欧	フォトフレーム 赤ちゃん内祝い
フォトフレーム デジタル	フォトフレーム アフタヌーンティー
フォトフレーム 手作り	フォトフレーム a5
フォトフレーム 100均	フォトフレーム a4 おしゃれ
フォトフレーム ブランド	フォトフレーム 赤
フォトフレーム 21	**フォトフレーム+B**
フォトフレーム おしゃれ	フォトフレーム ブランド

フォトフレーム 黒 おしゃれ	フォトフレーム 両親 贈呈
フォトフレーム クラシック	フォトフレーム レトロ
フォトフレーム クリストフル	フォトフレーム ロフト
フォトフレーム 黒 100均	フォトフレーム ラッピング
フォトフレーム+け	フォトフレーム リメイク
フォトフレーム 結婚祝い	**フォトフレーム+S**
フォトフレーム 結婚式	フォトフレーム セット
フォトフレーム 携帯用	フォトフレーム 正方形
フォトフレーム 結婚	フォトフレーム シンプル
フォトフレーム 結婚記念日	フォトフレーム シルバー
フォトフレーム 結婚祝い ブランド	フォトフレーム スタンド
フォトフレーム 結婚式 両親	フォトフレーム スクエア
フォトフレーム 軽量	フォトフレーム 白
フォトフレーム ケース 作り方	フォトフレーム 紙製 100均
フォトフレーム 毛糸	フォトフレーム 紙
	フォトフレーム 真鍮

「**フォトフレーム　結婚祝い**」
→結婚祝いになる商品を作ろう

「**フォトフレーム　結婚式　両親**」
→結婚式で両親に渡すプレゼントを作ろう

「**フォトフレーム　プレゼント**」
→プレゼント包装を用意しよう

　このようにサジェストワードを調べることで、「お客さまのニーズ」が明確になっていきます。ここで得られたサジェストワードを商品のアイデアに活かすことで、「お客さまのニーズを捉えた商品」を開発することができます。

06

 商品作り

 STEP5

「お客さまの悩み」を捉える

● お客さまレビューは宝の山

　ここまでで、複数のサジェストワードから、「お客さまのニーズを捉えた商品」を見つけ出すことができました。最後に、別の側面からお客さまのニーズを捉える方法をご紹介します。それは、「悩み」というニーズです。売れる商品の多くは、お客さまの「悩み」を解決するものであることが多いです。そこで、お客さまの悩みを調査することで悩みを「解決」する商品を作り、「売れる」商品へと育てていくのです。

　ハンドメイドにかかわらず、商売で成功するためには、お客さまの「悩み」を解決することが重要です。商品の品質ももちろん重要ですが、お客さまは悩みの解決に優先的にお金を払いたくなるものです。つまり、お客さまに商品を売りたければ、デザイン性や金額よりも「悩み」を解決できるかどうかがもっとも重要なのです。この「悩み」の要素を商品に追加することで、売れる商品が完成するのです。

　ネットショップの場合、お客さまの「悩み」は「お客さまレビュー」から拾うことができます。「レビュー」を調査する際は、最初にリサーチの対象となるお店を見つけます。そのお店はあなたのお店ではなく、他の人が運営しているお店です。何事も、自分で0から考える必要はありません。すでに成功しているお店からヒントを得るのが、成功への近道です。

● 上位10位以内のお店をリサーチする

　リサーチの参考にするお店は、あなたが出店するネットショップであなたが出品するカテゴリーのランキングを表示して、上位10位以内に該当する商品を扱っているお店の中から探します。そのお店のレビューには、たくさんの感想が寄せられていると思います。その中から、お客さまの「悩み」に該当するレビューを探しましょう。レビューにはあなたの商品が売れるためのヒントが必ず眠っています。どんなに小さな「悩み」でも、その「悩み」を解決すれば商品は売れます。根気よく探してみてください。

♣ **Creema クリエイター人気ランキング：**

https://www.creema.jp/ranking

♣ **minne 今週の総合ランキング：**

https://minne.com/ranking/products

　より広い範囲でレビューを調査する場合は、Yahoo! ショッピングや楽天市場の商品ランキングがおすすめです。

♣ **Yahoo! ショッピング人気売れ筋商品ランキング：**

https://shopping.yahoo.co.jp/ranking/

🍀 楽天市場売れ筋人気ランキング：

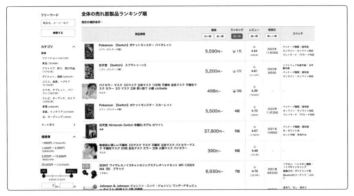

https://ranking.rakuten.co.jp/

　例えば、楽天市場のランキングから読み取れるイヤーカフの「悩み」はこちらです。

> 「耳たぶが大きめなので、着ける場所によっては当たってしまい、食い込む状態に。モデルさんのように、耳の下の方につけたくても、気づくと上にずれていて何か変な感じ…」

> 「着脱がしにくいのと、つけている時間が長いと痛い。」

> 「私の耳たぶの使おうと思っていた箇所では痛くて使えないので、別の箇所でしか使えそうにないので残念です。」

　これらのレビューを総合して導き出される「悩み」は、「耳たぶが厚い方は、痛みを伴い、長時間つけられない」ということです。楽天市場への出店を検討していなくても、楽天市場のレビューの中には辛口なものが多く、非常に参考になります。なぜなら辛口なレビューにこそ、お客さまの「悩み」が隠れている可能性が高いからです。反対に、お客さまが喜んでいる部分には、お客さまの「ニーズ」が表れています。

● ニーズと悩みで売れる商品を導き出す

　前節の「ラッコキーワード」で調査した「お客さまのニーズ」と、今回紹介した「お客さまの悩み」の両面を見ることで、お客さまが本当に求めている商品を見つけることができます。ここまでのリサーチにより、サジェストワードでは「イヤーカフ 大ぶり」というニーズがあり、レビューからは「耳たぶが厚い方は、痛みを伴い、長時間つけられない」という悩みがあることがわかりました。両者を合わせて考えると、「大ぶりなのに、耳たぶが厚い方が長時間つけても痛くならないイヤーカフ」を開発すれば、売れる可能性が高いということを導き出すことができます。このようにリサーチを行うことで、お客さまの「ニーズ」と「悩み」という最強の売り文句を商品に追加することができます。

イヤーカフのデザイン可愛くて買ったけど、実際つけてみると
耳たぶが大きめなので耳が痛くなり長時間つけられない

30代　女性

耳たぶが厚い方でも、長時間つけても耳が痛くならないイヤリングを作れば売れるかも！

爆売れ必至！売れるハンドメイド商品を作る方法

---

column 　　ヒット商品を生み出すために

　ここまで売れる商品の作り方を解説してきましたが、売れるためには、必ずヒット商品を生み出さなければいけません。そのためには、ひたすらお客さまの声を聞きながら、商品に改良を加えていく必要があります。
　商品を販売していると、お客さまからの要望が意外と耳に入ってくるものです。お客さま1人からの要望のうしろには、同じ要望を持った人が10人いると考えてください。お客さまの要望にどこまで答えることができるかによって、ヒット商品を作れるか作れないかが決まります。お客さまの要望を真摯に受け止め、商品開発をしていくようにしましょう！

07 利益を確保した商品価格をつける

● 商品の利益の計算方法

　制作する商品が決まったら、最後に商品の価格を決定しましょう。最初に、次のような計算式によって「商品の利益」を割り出します。

$$1 \ - \ (\ 商品原価 \div 販売価格_{※税込}\ ) \ = \ 利益率(\%)$$

　例えば、商品原価には、商品の材料費、梱包資材費、人件費がかかります。商品の材料費は、使っているパールの数やチェーンの長さに合わせた経費を細かく出します。梱包資材は、包装紙などのラッピング用品から、配送時に包む緩衝材まで、あらゆる資材の経費を含みます。さらに人件費として、商品を製造した人の工賃を算出します。時給1時間1,000円の都道府県で作業をした場合、制作時間に30分かかれば500円と計上します。このような3つの経費をすべて合わせたものが、商品原価になります。

　例えば商品の材料費が「パール2粒 100円・チェーン14cm 18円・金具1ペア 100円」、梱包資材費が「OP袋1枚 2円・台紙1枚 25円・緩衝材 12円・封筒 9円・ショップカード1枚16円」、人件費が「30分 500円」の場合、合わせて782円となります。販売価格が1,980円なら、

$$782 \ \div \ 1980 \ = \ 0.39$$
$$1 \ - \ 0.39 \ = \ 0.61$$

となり、利益率は61％になります。

● 「松」「竹」「梅」商品の価格と利益率

商品の利益を算出できたら、いよいよ値付けを行います。ネットショップでは、「松」「竹」「梅」の3種類の商品価格帯を用意しましょう。3つの商品価格帯を用意すると、お客さまは高い確率で真ん中のものを選ぶという法則があります（「松 = 2、竹 = 5、梅 = 3」という比率）。これを、「松竹梅の法則」または「極端性回避の法則」と言います。1つの価格帯しかないと買ってもらえない確率が高いですが、3つの価格帯を用意することによって、人はつい真ん中の価格帯を選んで買ってしまうのです。

「松」は、3種類の中で1番高い「8,001〜15,000円」くらいの価格帯です。一般にネットショップでは、15,000円までの商品がよく売れます。利益率は6〜8割くらいに設定できるとよいでしょう。

次に高い「竹」は、主力商品となる「3,001〜8,000円」くらいの価格帯です。「竹」商品が1番売れるように商品を構成していくことで、客単価が5,000円以上のお店になります。利益率は、6〜8割くらいに設定できるとよいでしょう。

「梅」は、お試し商品となる「1,000〜3,000円」くらいの価格帯です。3,000円以下という価格は、お客さまが衝動買いできる、お求めやすい金額です。あくまでもお試し商品なので、利益率は1〜3割くらいに設定できればよいでしょう。「梅」の商品で利益を出すという考えは捨ててください。

なお、「松」「竹」「梅」の利益率をすべて均等にすることは難しいです。利益率を均等にすることには拘らず、利益が高いものもあれば、低いものもあると考えてください。

梅

販売価格帯
1,000〜3,000円

利益率
10%〜30%

竹

販売価格帯
3,001〜8,000円

利益率
60%〜80%

松

販売価格帯
8,001〜15,000円

利益率
60%〜80%

「竹」の価格帯の商品がもっとも売れやすい

「松」「竹」「梅」それぞれの役割について

前ページで紹介したように、商品の値付けは「松」「竹」「梅」の3種類の価格帯を用意します。そしてこの3種類の価格帯にはそれぞれ役割があります。例えば「梅」商品は、スーパーの試食のようなお試し商品です。例えばソーセージを1本試食しておいしければ、お客さまは1袋買うことを決断できます。このように、「梅」商品は主力の「竹」商品を買ってもらうためのお試し商品として販売します。そのためには、「竹」商品の品質のよさやアピールポイントが伝わる「梅」商品を考えないといけません。なお、1つのカテゴリーにつき、お試し商品は1つで大丈夫です。あくまでも主力商品の「竹」商品を中心に、商品を構成してください。

「松」商品は、主にリピーター向けに値段の高い商品を用意してください。「竹」商品を購入したお客さまが、ここぞというタイミングでギフトなどに選ぶイメージです。たくさん売れる価格帯ではありませんが、売れなかったとしても販売をやめないでください。3つあることで、お客さまは「竹」商品を購入してくれるのです。

3つの商品価格帯にはそれぞれ役割がある

3

私らしさがあふれる！
商品のブランド価値を
高める方法

「ロゴのセオリー」を知る

● 人はブランドの記号と価値を結びつけて判断する

　売れるハンドメイド商品が決まったら、次は商品のブランドを考え、その価値を高めていく方法、すなわちブランディングについて考えていきましょう。「ブランディング」は「brand（＝焼印をする）」という言葉が語源で、家畜に焼印を押し、隣の家畜と自分の家畜を見分けることから生まれた言葉です。アメリカで生まれ、1990年前後に日本に入ってきたと言われています。

　こうした背景から考えても、ブランドが自社の商品と他社の商品を区別するための役割を担っていることがわかります。つまり、高級ブランドだけが「ブランド」なのではなく、あなたが立ち上げるネットショップで販売するハンドメイド商品も立派な「ブランド」なのです。

ブランドの起源

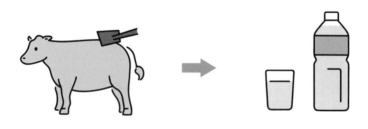

もともとは家畜を区別するため
焼印を押すこと (brand)
から生まれた

現在は自社の商品と
他社の商品を
区別するための役割

ブランド＝有名ブランドというのは、間違った認識

● ロゴとパッケージの重要性

　ブランドには、必ずそのブランドをイメージさせる記号があります。それが、ロゴとパッケージです。例えばコカ・コーラのロゴは、赤と白の筆記体のロゴです。パッケージは、くびれた瓶に黒い液体が入っています。ロゴとパッケージ、どちらもコカ・コーラをイメージさせるものです。こうした目に見える記号のことを、「識別記号」と言います。一方、コカ・コーラは口の中で弾ける炭酸飲料です。飲むと気分転換にもなります。こうした知覚にもとづく価値のことを、「知覚価値」と言います。

　有名なブランドは、その「識別記号（＝ロゴ・パッケージ）」が多くの人に知られ、「知覚価値（＝気分転換）」を想起させるものとなっています。こうしたブランドが喚起させる知覚から、「気分転換したい！」＝「コーラが飲みたい！」という発想が生まれ、固有のロゴやパッケージによって認識され、購入へとつながっていくのです。

　これと同じように、あなたのハンドメイド商品も「知覚価値」から指名買いしてもらえるようにする必要があります。そのためには、「ロゴ」や「パッケージ」で統一した印象を与え、一貫した体験を提供することで、ブランドとして記憶してもらう必要があるのです。

コカ・コーラの場合

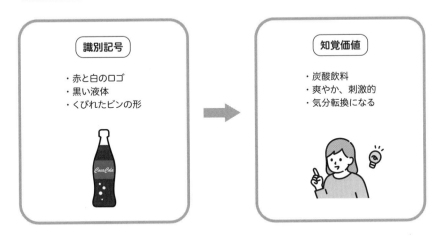

「気分転換したい！」＝「コーラが飲みたい！」
という発想が生まれる

● ロゴの構成を選ぶ

　この章では、あなたのハンドメイド商品の、ロゴデザインを作成していきます。ロゴは、「シンボルマーク」「ロゴタイプ」「ステートメント」という3つの要素によって構成されています。シンボルマークは、具体的なモチーフや、抽象的なイメージを使ってブランドコンセプトを表現するものです。ロゴタイプは、文字を主体にデザインした、読めるロゴマークです。ブランド名を正確に伝えられるメリットがあります。ステートメントは、シンボルマークやロゴタイプの周りに、文字列として追加するものです。飲食系の大企業に多い構成です。

　ハンドメイド作家におすすめしたいのは、「シンボルマーク＋ロゴタイプ」の構成です。シンボルマークは単体でも利用できるので、これから作成する販促物にも利用しやすいです。また、ロゴタイプのみを利用して、シンプルな販促物を作るのもよいでしょう。

シンボルマーク	ロゴタイプ	ステートメント
具象をモチーフにしたりブランドコンセプトを抽象化したロゴマーク	文字を主体にデザインした「読める」ロゴマーク	シンボルマークやロゴタイプにステートメントを追加する
Apple、Twitter、Instagram など	CHANEL、marimekko、ZARA など	カルピス（カラダにピース）、ファミリーマート（あなたと、コンビに、）など

**ハンドメイド作家には
「シンボルマーク＋ロゴタイプ」の構成がおすすめ**

● Canva を使ったロゴの作成方法

　あなたのハンドメイドブランドの「ロゴ」をデザインするには、Canva という無料のツールを利用するのがおすすめです。Canva は、インターネット接続環境があればいつでもかんたんにデザインすることができます。パソコンに加え、スマートフォンやタブレットなどのモバイル端末にも対応しています。Canva のアカウントがない人は、Google 検索で「Canva」と検索し、画面右上の「登録」をクリックして登録作業を行ってください。

「登録」からアカウントを取得する

Canvaの準備ができたら、以下の手順でロゴの制作を行っていきます。

STEP1　フォントを選ぶ
STEP2　色を選ぶ
STEP3　ロゴを作る

column

「Pinterest」から参考デザインを探す

デザインを始める前に、他社の販促物を調査して、どんなロゴを作りたいかを考えましょう。そこでおすすめなのが、Pinterest (pinterest.jp) です。Pinterestは、好きな写真や画像をピン留めし、それをシェアすることのできるサービスです。すぐれたデザインの宝庫なので、多くのデザイナーが愛用しています。Pinterestの検索窓にあなたのお店に関連するキーワードを入力すると、関連する画像が表示されます。それらの画像を参考に、ロゴのイメージを膨らませます。

Pinterestはアメリカの会社が作ったSNSなので、英語で入力した方がすぐれたデザインが表示される場合が多いです。なるべく多くのデザインを見て、あなたが「いいな！」と思うイメージをピン留めして記録してください。なお、ここでは右のようなイメージをピン留めしました。

STEP1

フォントを選ぶ

● フォントが与える印象

　ロゴのデザインで最初に行うのが、「フォントの選択」です。フォントとは、紙面やコンピュータで扱われる文字のうち、統一された書体や大きさの文字のセットのことです。フォントの選択1つでデザインのテイストが大きく変わってしまうほど、フォントはデザインを左右する大事な要素です。

　フォントには、大きく分けて「明朝体」「ゴシック体」「筆記体」という3つの種類があります。明朝体は、文字を構成するラインに強弱があり、格調高い印象を与えます。日本語の場合、習字のとめ・はねに相当する部分があるのが特徴です。ゴシック体は、装飾が少なく、ミニマルで現代的なイメージに適しています。筆記体は、手書き感があり、独特の雰囲気を持っています。

　明朝体を選ぶと、例えばビジネススーツのような、フォーマルなイメージのロゴになります。ゴシック体を選ぶと、Tシャツとデニムのような、カジュアルなイメージになります。筆記体は、選択するフォントによってフォーマルなイメージにもカジュアルなイメージにもなります。

明朝体	ゴシック体	筆記体
デザイン Design	デザイン Design	Design Design
文字を構成する ラインに強弱があり 格調高い印象を与える	装飾が少ない ミニマルで現代的な イメージに適している	手書き感があり 独特の雰囲気を 持っている

● Canvaでフォントを選ぶ方法

同じフォントを使っても、ロゴを構成する文字によって印象は大きく異なります。ブランドイメージに最適なフォントを選ぶには、選択したフォントでブランド名を入力し、字面を確認するのが1番です。Canvaを利用して、実際にフォントを選んでみましょう。

1

Canvaの画面で右上の「デザインを作成」>「カスタムサイズ」をクリックし、幅1200、高さ1200pxと入力します。「新しいデザインを作成」をクリックします。

2

「テキスト」>「見出しを追加」をクリックします。

3

「見出しを追加」という文字を、あなたのハンドメイド商品のブランド名に変更します。

私らしさがあふれる！商品のブランド価値を高める方法

入力したブランド名を右クリックして「コピー」を選択し、その下に「貼り付け」ます。同じ操作を繰り返して、入力したブランド名を複数貼り付けます。

「フォント名」から、ロゴに適したフォントを選択します。

同様の方法で、配置したブランド名に異なるフォントを設定し、ブランドイメージに近いフォントを探します。

Pairs Pearl

Pairs Pearl

Pairs Pearl

Pairs Pearl

Pairs Pearl

03

STEP2

色を選ぶ

● ハンドメイド商品のブランドカラーを選定する

　ロゴに使用するフォントを選んだら、次はロゴに使用する色を選択します。色は、ロゴマークで伝えたいイメージを表現するための、重要な構成要素です。ブランド名は覚えてもらえなくても、あの○○色のお店というように、色の印象を残すことができます。ブランドのイメージを伝える色を商品ページやパッケージなどに一貫して使用することで、お客さまに覚えてもらえるブランドになります。色には、下記のようにそれぞれ固有のイメージがあります。

赤	：情熱や野心、パワー、愛などエネルギッシュなイメージ
オレンジ	：陽気、食欲、親しみ、遊び心など賑やかで開放的なイメージ
黄色	：明るい、元気、光など眩しく輝くようなイメージ
ピンク	：愛情、女性的、幸せ、優しさ、若々しいイメージ
青	：自然、落ち着き、知性、信頼など寛大で落ち着きのあるイメージ
緑	：リラックス、自然、調和、安全など心を穏やかにするイメージ
紫	：神秘的、高貴、エキゾチックなイメージ
茶色	：堅実・安定・伝統・温もりなど大地に根づくようなイメージ
白・黒・グレー	：シック、カッコいい、モダン、都会的など、洗練されたイメージ

　これらのイメージを理解して、ブランドカラーを決めていきます。ここでは、日本カラーデザイン研究所が開発したマッピングツール「言語イメージスケール」を利用して、ブランドの色を選択していきます。抽象度の高いイメージでも、マッピングツールを利用することで論理的に色を選ぶことができます。言語イメージスケールは、検索サイトで「言語イメージスケール」と入力して探してみてください。

私らしさがあふれる！商品のブランド価値を高める方法

● 言語イメージスケールを利用する

　それでは、「言語イメージスケール」を使って、キーワードから色の選択を行ってみましょう。

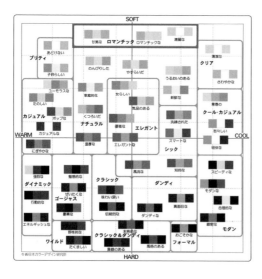

1

ここでは例として、あなたのブランドイメージに該当するキーワードが「ういういしい」「可憐な」「甘美な」「ロマンティックな」「メルヘンの」「淡い」「清潔な」であるとします。そこで、「ロマンティック」を選択します。

2

「ロマンティック」エリアに該当する、3色セットの配色を選択します。

　配色を選択することで、あなたのブランドイメージに合う色を絞り込むことができます。続いて、「ロマンティック」エリアに該当する配色の色番号を見つけていきましょう。

● DICカラーガイドを利用する

　ブランドカラーは、デザインに落とし込む上で、正確な色指定を行う必要があります。先ほど「言語イメージスケール」を利用して選択した色に、DICの「カラーガイド」を利用して正確な数値を当てはめましょう。DICのカラーガイドは、国内約90%のシェアを誇る色見本帳です。スマートフォン対応アプリが、無料で提供されています。

1

スマートフォンに、「カラーガイド」アプリをインストールします。

2

アプリを起動すると、Main Menu が表示されます。最初に、「1」と書いてあるカラーガイドから、「ロマンティック」エリアに該当する配色に近い色を探します。

3

ここでは、「ロマンティック」エリアに該当する配色「DIC-21」「DIC-23」「DIC-30」が見つかりました。

私らしさがあふれる！商品のブランド価値を高める方法

それぞれの詳細を表示すると、「HTMLカラーコード」が表示されます。販促物やWEBデザインをする際には、これらのコードを利用します。

HTMLカラーコードは、「#」の記号と6つの文字や数字が含まれる数字を「16進法」で表したものです。左から2桁ずつ R（Red）・G（Green）・B（Blue）の数値を示し、それらを加法混色したときの色になります。

これで、「DIC-21」「DIC-23」「DIC-30」という3つブランドカラー候補と、そのHTMLカラーコードがわかりました。「言語イメージスケール」のキーワードをもう1度振り返って分析し、3色の中からメインの色を1色選びます。ここでは、下記のような分析を行いました。

> ・「甘美な」に該当する色は「DIC-23」「DIC-30」
> ・「ロマンチックな」に該当する色は「DIC-23」「DIC-21」
> ・「清潔な」に該当する色は「DIC-23」

これにより、「DIC-23」がどのキーワードにも該当していることがわかりました。そこで、「DIC-23」をあなたのブランドイメージの色として決定します。「DIC-23」の「HTMLカラーコード」に加え、「RGB」「CMYK」の数値をメモしておきましょう。

> ・HTMLカラーコード：DDBAD0
> ・RGB：211,185,206
> ・CMYK：C6,M28,Y4,K0

● ブランドカラーをストックする

「カラーガイド」の★マークをタップすると、色をストックすることができます。メニューバーの「Color Stock」からいつでもブランドカラーを見つけることができるので便利です。

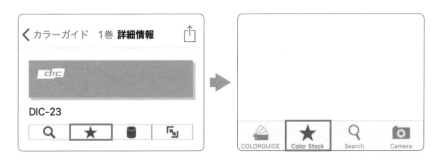

最後に、「DIC-23」のHTMLカラーコード「DDBAD0」を、Canva のブランドキットに登録します。ブランドキットに登録しておくと、いつでもブランドカラーを選択できるようになります。

1

Canvaで、「ブランドハブ」をクリックします。

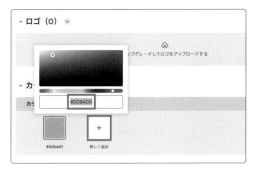

2

「+」をクリックし、HTMLカラーコード「DDBAD0」を入力します。

私らしさがあふれる！商品のブランド価値を高める方法

STEP3

ロゴを作る

● ロゴのテンプレートを選ぶ

　ここまでのところで、ブランドのフォントと色を選択できました。また、Pinterestを見て、ブランドロゴのイメージも固まってきていると思います。これらの情報をもとに、これからブランドロゴの作成を行っていきます。ここでは、Canvaを使ってロゴの制作を行います。最初に、Pinterestで選んだイメージ（P.57）に近いテンプレートを探します。

　なお、「王冠マーク」がついているテンプレートは有料になります。1ドル前後の金額を支払う必要がありますが、一般的なデザイン素材の相場（1枚6,000円以上）から考えると安価です。好みのデザインが見つかれば、購入することをおすすめします。

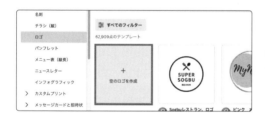

1

Canvaで、「テンプレート」＞「マーケティング」＞「ロゴ」の順にクリックし、「空のロゴを作成」をクリックします。

2

検索窓に、「P」と入力します。

3

表示されるテンプレートの中から、Pinterestで選んだイメージに近いものを選びます。

● ロゴデザインを作成する

テンプレートが開いたら、それをもとにオリジナルのロゴを作成していきます。

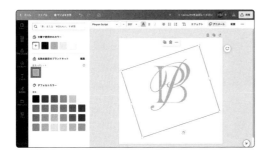

1

ロゴの色を、P.61で選んだブランドカラー（ここでは「DDBAD0」）に変更します。ブランドキット（P.65）を活用すると、色の変更が便利です。

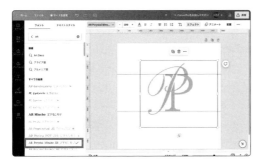

2

文字を、P.58で選んだフォント（ここでは「AR P crystal Mincho JIS」）に変更します。文字の高さを整えて、バランスを調整します。

3

「共有」＞「ダウンロード」をクリックします。ファイルの種類は「PNG」のまま、「ページを選択」からダウンロードするページ枚数を指定し、「ダウンロード」をクリックします。

これで、あなたのブランドロゴが完成しました。Canvaは常に「自動保存」なので、保存ボタンを押さずに終了して大丈夫です。なお、Canvaのロゴテンプレートを使って作成したロゴは、変更を加えたとしても商標登録が禁止となっています。ご注意ください。

私らしさがあふれる！商品のブランド価値を高める方法

パッケージを用意する

● パッケージと販促物の重要性

　ハンドメイド商品のブランドロゴが完成したら、続いてパッケージの制作を行います。パッケージには、商品を引き立てるための重要な役割が2つあります。1つ目は、ハンドメイド商品を「商品」として見せる役割です。あなたのハンドメイド商品が趣味ではなく、商品として販売していることをわかってもらうには、パッケージと一緒に撮影し、SNSに投稿するのが効果的です。

　2つ目は、商品が届いたときに感動してもらう役割です。ネットショップでは、お客さまの気持ちは、商品を注文したときが一番盛り上がっています。そして、商品が届くまでの間に次第に冷めていきます。そこで、商品が手元に届いたときにもう1度感動してもらえるよう、パッケージを魅力的なものにするのです。パッケージが可愛ければ、「パケ買い」という言葉があるくらい、お客さまの購入の動機にもなります。

パッケージの役割

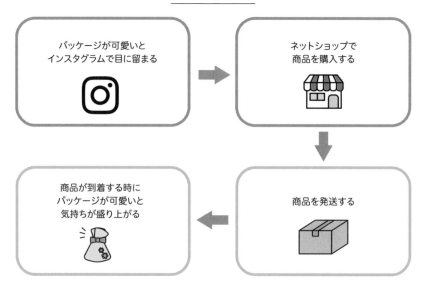

● 市販のパッケージをアレンジしてオリジナルパッケージを作る

　パッケージは、あなたのお店らしさが反映された「オリジナル」なものにしてください。ただし、梱包資材にお金をかけすぎると利益が出なくなるため、資材屋さんが販売している市販のパッケージを、あなたのお店用にアレンジして利用します。

　おすすめの資材屋さんは、全国約270店舗に展開している「シモジマ」です。WEBカタログもあるので、事前にどのような商品があるのか、調べておくのもおすすめです。パッケージを選ぶ際は、最初からネットショップで注文するのでなく、実際にお店に足を運び、手に取って判断するようにします。また、お店を訪問する際は必ずあなたの商品を持っていってください。あなたの商品を実際にパッケージに入れて、イメージ通りかどうかを確認します。パッケージには型番があるので、1度取り扱うパッケージが決まれば、あとはネットショップで注文することもできます。

　なお、市販のパッケージを選ぶ際は、そのパッケージが長期に渡って販売されているものかどうかを確認しましょう。これからパッケージを含めた商品写真を撮影していきますが、すぐに廃盤になるようなパッケージでは、商品写真も撮り直さなければいけなくなります。そうならないように、定番商品の中からパッケージを選ぶようにしましょう。

シモジマのカタログページ（https://www.shimojima.co.jp/catalog.html）

私らしさがあふれる！商品のブランド価値を高める方法

● 通常包装におすすめのパッケージ例

　ここでは、シモジマで購入できる具体的なパッケージ例をご紹介します。通常の包装では、「袋」「ボックス」を使った簡易包装を用意します。「袋」ならシモジマで販売されている「紙白袋」、厚みがあるなら「角底袋」がおすすめです。

✤ 紙白袋

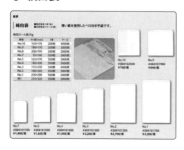

✤ 角底袋

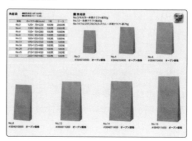

　「ボックス」は、ブランドカラーと相性のよいものを選びます。未晒しクラフトなら「ナチュラルボックス」、白色なら「白無地箱」または「フリーボックス」、透明なら「クリスタルボックス」がおすすめです。

✤ ナチュラルボックス

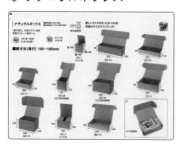

✤ 白無地箱

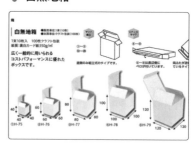

✤ フリーボックス

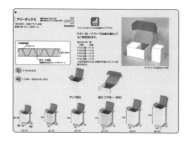

✤ クリスタルボックス

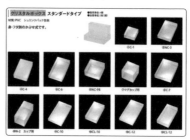

● スタンプやシールの活用

　オリジナルパッケージを安価に用意する方法として、「スタンプ」や「シール」があります。市販の小袋や「角底袋」にあなたのお店のロゴの「スタンプ」を押したり「シール」を貼ったりすれば、それだけでオリジナルパッケージのできあがりです。「スタンプ」は、専門の印刷会社に依頼して作成します。PDF・画像ファイルで入稿できる印刷会社「はんこガーデン」（http://hanko-garden.com/）がおすすめです。入稿データもCanvaで作成できます。

はんこガーデン

　「シール」は、ラベルとして包装紙やリボンを固定する役割もあり、ブランドカラーを前面に出したデザインがおすすめです。シールは家庭用プリンタで作成することも、印刷会社に依頼することもできます。家庭用プリンタを利用する場合は、エーワンのラベル印刷シールを利用すると、比較的きれいに仕上がります。

　印刷会社を利用する場合は、「シール印刷プロ」（https://seal.insatsu-tatsujin.net/）がおすすめです。シールは家庭で印刷すると、うまく印刷できない場合もあります。高品質に仕上げたいのであれば、印刷会社に依頼するのがおすすめです。

エーワンのラベル印刷シール

シール印刷プロ

06 ギフトラッピングを用意する

● 売上の最大化にはギフト需要に応えることが大切

　パッケージには、P.70でご紹介した「通常包装」の他に「ギフトラッピング」があります。ネットショップでは、ギフト市場へ参入して売上を伸ばすことが大切です。プレゼントの贈り主は、「何を贈ったらよいのか」悩んでいます。そのため贈り主は、インターネットで検索して、最適なプレゼントを探します。そこであなたの商品を見つけ、ギフトラッピングが用意されていれば、買ってもらえる可能性が高くなります。

　ハンドメイド商品の対象となるカジュアルギフト市場は、「シーズンギフト」「パーソナルギフト」「ライフイベントギフト」の3つに細分化できます。福袋・バレンタイン・母の日・クリスマスなどは「シーズンギフト」と呼ばれ、1兆7,360万円の市場です。旅行のお土産、日常時のプチギフトなどは「パーソナルギフト」と呼ばれ、1兆1,450万円の市場です。さらに誕生日プレゼント、入学祝、結婚祝などは「ライフイベントギフト」と呼ばれ、3兆1,500万円の市場です。あなたの扱う商品によって参入できる市場は異なるので、該当する市場を考えてみましょう。

カジュアルギフト市場は6兆円を超える巨大なマーケット

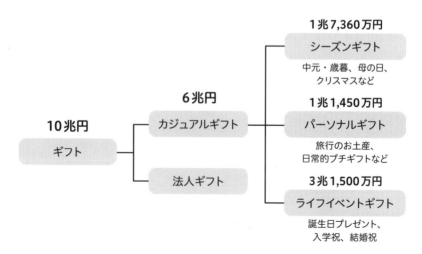

● おすすめのギフトラッピング

　「ギフトラッピング」の場合、パッケージに「ボックス」や「包装紙」を使い、華やかに仕上げます。アクセサリーを入れるなら、「クリスタルボックス」がおすすめです。

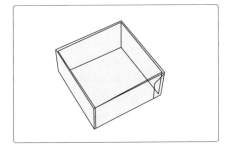

　「クリスタルボックス」の中のアクセサリーが動かないように、「薄葉紙（はくようし）」を敷きます。

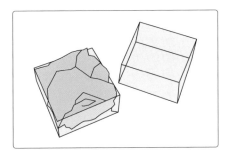

　市販のボックスにオリジナルの「帯」や「シール」を作成することで、あなたのブランドだけのパッケージが簡単に仕上がります。シールはCanvaで実寸サイズで作成し、エーワンのラベル印刷シールに印刷します。

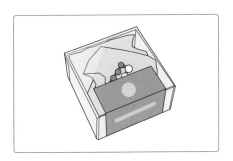

私らしさがあふれる！商品のブランド価値を高める方法

● Canvaで「シール」を作成する方法

「シール」を作成する際は、市販のボックスに幅何mm×高さ何mmのシールを作成するのか、あらかじめ決めてから、Canvaで作成します。

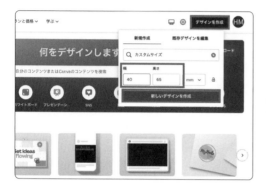

1

Canvaでは、「デザインを作成」から「カスタムサイズ」をクリックし、幅と高さを入力します。ここでは、幅40mm、高さ65mmと入力しています。入力できたら、「新しいデザインを作成」をクリックします。

2

「ファイル」>「ページ表示を設定」>「定規とガイドを表示」をクリックします。20mmと45mmの高さに、2本のガイドを引きます。

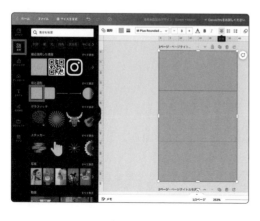

3

「素材」>「線と図形」から四角形をクリックし、シール全体の大きさ（幅40、高さ65mm）に引き伸ばします。四角形の色を、P.61で選んだブランドカラー（ここでは「DDBAD0」）に変更します。

4

P.66で作成したロゴの色を白に変更
し、1本目のガイドで区切った四角
の中央に配置します。2本目のガイ
ドで区切った四角には、「Merci
Beaucoup!」というメッセージと
SNSのQRコードを配置します。QR
コードは、「アプリ」>「QRコード」
から作成できます。URL欄にインス
タグラムのURLを入力し、「前景色」
はP.61で選んだブランドカラー
（「DDBAD0」）と同じトーンの少し濃
い色を選択します。QRコードは淡い
色では読み取りにくいので、必ず濃
い色を選択するようにしてください。

私らしさがあふれる！商品のブランド価値を高める方法

「シール」のデザインが完成したら、
印刷準備に入ります。「ファイル」>
「ページ表示を設定」から「余白を表
示」と「塗り足し領域を表示する」の
2つをクリックし、チェックを入れ
ます。

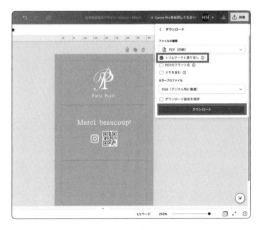

6

右上の「共有」>「ダウンロード」を
クリックし、「PDF（印刷）」を選択、
「トリムマークと塗り足し」にチェッ
クを入れます。最後に「ダウンロー
ド」をクリックします。これで、印
刷用データの準備ができました。こ
のデータを使って、エーワンのラベ
ル印刷シールに印刷します（P.71）。

column 配送業者の選び方

パッケージを選ぶ際は、配送業者の配送方法を考慮しなければいけません。梱包資材と同様、配送料金もお金のかかる経費です。例えばフラワーアレンジメントなどの立体物の場合、配送時の梱包で配慮すべきポイントは「3辺の合計の長さ」「荷物の重さ」です。一般的に、日本郵便よりもヤマト運輸を利用する方が安価です。しかし、ヤマト運輸のサイズに対する重さが規定を超えてしまった場合、25kg以下であれば日本郵便の方が安価に送れます。

一方、アクセサリーなどの小型商品の場合、日本郵便を利用するのが安価です。必ず追跡機能がついている方法を利用してください。発送時の連絡や、お客さまから商品の所在地などを聞かれた場合に、追跡番号を利用して商品の居場所を特定する必要があります。

● 主な配送方法

- ・ヤマト運輸宅急便…1,040円〜
- ・ゆうパック…810円〜
- ・レターパック…（ライト370円／プラス510円）
- ・ゆうパケット…1cm以内250円／2cm以内310円／3cm以内360円
- ・クリックポスト…3cm以内198円

※クール宅急便＋220円

そして、配送用の梱包資材も用意する必要があります。梱包資材も、シモジマで購入することができます。商品が配送時に傷つかないよう、緩衝材に包んで発送します。その際、商品をボックスに入れて緩衝材で包むと、高さ3cmを超える場合があります。ボックスの高さが2.5cm以下のものを探して高さ3cm以下に収められれば、最低価格の配送料金で送れる日本郵便の「クリックポスト」が利用できます。

● 主な梱包資材

- ・封筒や段ボール
- ・エアキャップ（プチプチ）
- ・クリスタルパック（テープ付き）

4

ネットで際立つ！
ハンドメイド商品写真
を撮影する方法

01 商品撮影の基本を知る

● 「写真 = センス」という間違った認識を変えよう

　第3章までで、ブランドロゴやパッケージを作成することができました。ここからは、商品写真の撮影方法についてお伝えしていきます。商品撮影は、ネットショップの運営で悩んでいる方の多い作業です。写真はセンスだと勘違いし、写真の技術を磨くことを断念している人も多く見受けられます。

　しかし、私たちはプロのカメラマンになるわけではありません。あくまでもネットショップオーナーとして写真撮影に臨むのです。その程度であれば、センスが欠けていたとしても、基本的な知識で十分補うことができます。これからお伝えする写真撮影の流れと、ちょっとした基本知識を身につけてもらえば、誰でも簡単にセンスのよい商品写真が撮れるようになります。

　最初に、商品写真には2種類の写真があることを知っておきましょう。それは、置き画と着画です。置き画は、商品を小道具と一緒に配置して撮影する写真です。着画は、モデルが商品を身につけて撮影する写真です。商品によって、着画と置き画のどちらかを撮影したり、両方撮影したりする場合があります。今回は、着画と置き画両方の撮影を行うことにします。

✤ 置き画

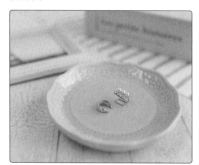

✤ 着画

● 商品撮影に必要な5つの道具

　次に、商品写真を撮る際に必要になる、5つの道具を紹介します。①のカメラはデジタル一眼カメラがあれば望ましいのですが、スマートフォンでも十分撮影することができます。②の三脚は、カメラもしくはスマートフォンを固定する際に利用します。購入の際は、パンハンドルのついた、可動域の広い三脚を購入してください。Amazonで、2,000円くらいから購入できます。パンハンドルがついていない三脚は、足も短く安定感がなく、撮影中に転倒する恐れがあるので、商品撮影には向きません。③～⑤は、商品撮影を行う場所をセッティングする際に必要になるものです。きれいな写真を撮影するための環境を作る上で、必須の道具になります。

①カメラ
②三脚
③白い背景
④テーブル
⑤自然光の入る部屋

❖ パンハンドル付き三脚

❖ パンハンドルなしの三脚

写真

置き画を撮影する

● 置き画撮影の8ステップ

　ここからは、商品写真を撮影するための一連の流れを説明します。最初に、置き画を撮影するための8つのステップをご紹介します。

✤ 置き画撮影のステップ

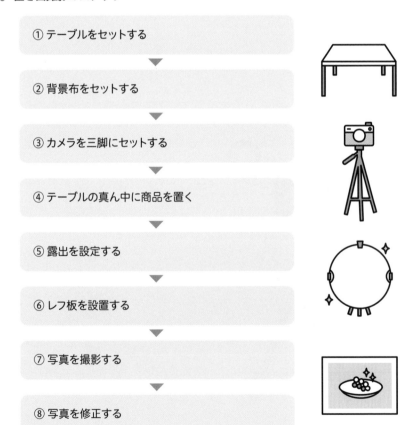

① テーブルをセットする

⬇

② 背景布をセットする

⬇

③ カメラを三脚にセットする

⬇

④ テーブルの真ん中に商品を置く

⬇

⑤ 露出を設定する

⬇

⑥ レフ板を設置する

⬇

⑦ 写真を撮影する

⬇

⑧ 写真を修正する

● ステップ①テーブルをセットする

　テーブルをセットする場所は、自然光が一番差し込む、窓横のスペースを確保してください。商品撮影の光には、柔らかい自然光を利用します。照明機材を購入するとより本格的な撮影が可能ですが、費用がかかり、難易度も高いので、まずは自然光で上手に撮れるようになりましょう。

　これから本格的にネットショップやインスタグラムを運用していくのであれば、商品写真を撮る頻度は上がります。毎回家具の移動が必要な空間では、商品撮影を継続できません。これを機に家具を移動して、理想的な撮影スペースを手に入れてください。

　自然光が強すぎる場合は、薄いカーテンをかけて、窓からの光を柔らかくしてください。カーテンがない場合は、影の色が濃く、輪郭がくっきりと出ます。カーテンがあると、影の色は薄くなり、輪郭がぼやけます。影の演出を楽しみながら撮影するのもおすすめです。

　テーブルは、幅110cm×奥行き70cmほどの大きさがあるものを用意します。小さなアクセサリーを撮影する場合も、ある程度の広さが必要になります。

ネットで際立つ！ハンドメイド商品写真を撮影する方法

● ステップ②背景布をセットする

　背景布は、机全体を覆えるサイズ（幅110cm×長さ200cm）を用意し、テーブルの上にかけます。セッティングの際は、壁に両面テープなどで固定して曲線をつけながら、机を覆うようにします。こうすることで、高さのある商品でも撮影することができます。布は、裏が透けないよう綿や麻で織られた平織りの厚手生地「帆布（はんぷ）」がおすすめです。ただし、ブランドイメージによっては帆布が合わない場合もあります。その場合は、あなたのブランドイメージに合う布を選んでください。

● ステップ③カメラを三脚にセットする

　カメラを三脚に固定します。カメラやスマートフォンの液晶画面を見ながら、画角を調整します。画角とは、カメラで撮影した際、実際に写る範囲を角度で表したものです。角度は、商品の正確な情報を伝える上でとても重要です。角度には「真上から撮る90°」「斜めから撮る45°」「真横から撮る0°」の3つの角度があります。例えばイヤーカフを撮影する場合、角度によって伝えられる情報が変わります。この場合、「斜めから撮る45°」で撮ることが正解になります。商品の全体像を正しく伝えられる角度を選びましょう。

・真上から撮る90°…パールとジルコニアが並び、何かよくわかりません
・斜めから撮る45°…パールとジルコニアがつき、
　　　　　　　　　　　アーチ状になっていることがわかります
・真横から撮る0°……パールは見えるがジルコニアは見えません

✤ 真上から撮る90°

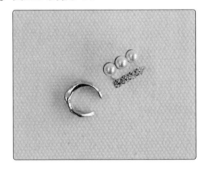

✤ 斜めから撮る45°

✤ 真横から撮る0°

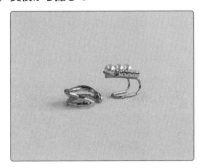

column 誤った角度で撮影すると…

商品の全体像をどこまで伝えたいかという判断が難しい場合は、被写体の高さによって使い分けます。商品自体で自立する高さのある商品の場合は、「真横から撮る 0°」で撮ることによって、商品の正しい形を捉えることができます。高さのない商品の場合は、商品を寝かせて「斜めから撮る 45°」もしくは「真横から撮る 0°」で撮ることが多いです。

誤った角度で撮影すると、商品の本当の姿を伝えることができないので注意が必要です。例えば、高さのある瓶アロマディフューザーを斜め45°から撮影すると、瓶の底が少し小さく写ります。しかし本来の瓶の形状は、瓶の底の幅と胴体の幅はさほど変わりません。誤った情報を見て商品が購入されてしまうと、クレームになる恐れがあります。商品写真を撮影する際の角度選びには、十分注意してください。

♣ 真横から撮る 0°

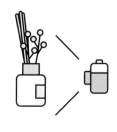

♣ 斜めから撮る 45°

● ステップ④テーブルの真ん中に商品を置く／ステップ⑤露出を設定する

テーブルの真ん中に商品を置き（④）、露出を設定します（⑤）。露出設定は、スマートフォンにもついている機能です。「露出」とは、写真や映像を撮るときにレンズに取り込まれる光の量のことです。この量を調整することで、写真の明るさを変更することができます。

露出設定の手順（iPhoneの場合）

1

写真モードを選択して、画面上部の「∧」マークをタップします。

2

「＋」「−」マークをタップします。

3

露出を設定する画面が表示されます。

4

「＋1.3」を選択します。

ネットで際立つ！ハンドメイド商品写真を撮影する方法

● ステップ⑥レフ板を設置する

　露出で画面を明るくしても影になって暗い箇所がある場合は、レフ板を設置します。レフ板には、「白レフ」と「黒レフ」の2種類があります。ハレパネを購入し、両サイドの粘着面に白い画用紙と黒い画用紙を貼ると、1枚のパネルで「白レフ」と「黒レフ」を作ることができます。

　「白レフ」は、光が差し込む窓と並行になる位置に配置します。窓とレフ板の真ん中に商品を配置するようにすると、窓から入ってきた光が「白レフ」に反射して、商品を左右から照らします。

❦ 白レフなし

❦ 白レフあり

　一方の「黒レフ」は、被写体の反射を抑えるために利用します。例えばフォトフレームのガラスに光が反射する場合、ガラスが抜けるフレームであればガラスを抜けばよいのですが、抜くことが難しい場合は「黒レフ」を利用します。反射する光が差し込む場所に「黒レフ」を配置すると、反射を取り除くことができます。

❦ 黒レフなし

❦ 黒レフあり

● ステップ⑦写真を撮影する

いよいよ商品写真を撮影します。お皿の上にイヤーカフを設置します（スタイリングを行う場合はP.94参照）。イヤーカフにピントを合わせ、背景の小道具をぼかします。背景をぼかすには「ポートレートモード」を利用し、ぼけ具合はF値（P.88）の設定で調整します。初心者の方は、まずはF値を2.8に設定してみてください。

F値設定の手順（iPhoneの場合）

1

ポートレートモードを選択して、画面上部の「∧」マークをタップします。

2

「f」マークをタップします。

3

F値を設定する画面で、「f2.8」を選択します。

column F値について

カメラのF値はレンズから入る光の量を表したもので、「絞り値」ともいいます。F値を変えると、光の量が変わり写真の明るさが変化するとともに、ピントが合う範囲（被写界深度）も変化します。F値を小さくすると、ピントの合う範囲が狭くなり背景がぼけます。反対にF値を大きくすると、ピントの合う範囲が広くなり、背景にもピントが合うようになります。

❖ F1.4 で撮影した画像

❖ F16 で撮影した画像

● ステップ⑧写真を修正する

商品写真を撮影したら、写真を修正します。自然光で撮った写真は、どうしても暗くなることが多いです。撮った写真をCanvaに読み込んで、明るく加工します。

Canvaで写真を明るく加工する方法

1

「アップロード」>「ファイルをアップロード」をクリックし、アップロードする写真を選択します。

2

「写真を編集」>「調整」の順にクリックします。

3

「明るさ」を「30」に設定します。

ネットで際立つ！ハンドメイド商品写真を撮影する方法

着画を撮影する

● 着画撮影の7ステップ

次に、着画写真を撮影するための7つのステップを紹介します。

♣ 着画撮影のステップ

① 白背景の壁を用意する

▼

② カメラを三脚にセットする

▼

③ モデルの立ち位置を決める

▼

④ 露出を設定する

▼

⑤ レフ板を設置する

▼

⑥ 写真を撮影する

▼

⑦ 写真を修正する

● ステップ⑤レフ板を設置する

　①～④までは、置き画でお伝えした内容をご確認ください。ここでは、⑤の「レフ板を設置する」からお伝えしていきます。まず、着画のモデル撮影には高さや奥行きが必要になります。なるべく広い場所を確保してください。光は、基本は置き画と同じ、自然光で撮影を行います。どうしても暗くなるようであれば、照明機材を使います。

　影になって暗くなる箇所がある場合は、「レフ板」を利用します。置き画と異なり、着画撮影では大きなサイズのレフ板が必要になります。市販の機材を購入するのがおすすめです。Amazonで、1,000円くらいから購入できます。レフ板は、窓から差し込む光、もしくは照明の光を受け止めるように配置します。窓とレフ板の真ん中に商品を配置すると、窓から入ってきた光がレフ板に反射して、商品を左右から明るく照らします。

　トルソーに洋服を設置する場合や、家具、バッグなどの大きな商品を撮影する場合も、同様の機材を揃えることをおすすめします。

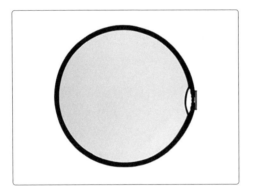

column　照明機材の購入

照明機材は、Amazonで「照明ソフトボックス」と検索すると、照明2灯9,000円くらいから購入できます。初心者はモデルを中央に配置し、両サイドから照明を当てるように設置します。それにより、画面が非常に明るくなります。ただし、照明の人工的な光は情緒に欠けます。窓から差し込む自然光の反対側に照明1灯を設置するのがおすすめです。

● ステップ⑥写真を撮影する

　着画写真を撮影する際は、プロのモデルさんに依頼するとお金がかかるので、あなた自身が商品を身につけ、ポージングして撮影するのが望ましいです。スマートフォンやデジタル一眼カメラのタイマー機能を使えば、1人でも撮影ができます。撮影する際は、見える位置に全身が映る鏡を配置したり、液晶画面で自分のポージングを何度も確認したりしてください。

● ステップ⑦写真を修正する

　商品撮影のモデルは、「パーツモデル」です。顔を写して撮影する必要はありません。また商品の特性上顔が写り込む場合も、肌のシミやシワ、吹き出物など、撮影した写真を修正すれば消すことができます。写真を修正するときは、Canvaに写真を読み込んで修正作業を行います。

Canvaで吹出物を消す方法

1

「写真を編集」＞「エフェクト」＞「Magic Eraser」を選択します。「Magic Eraser」は、有料プランに加入しないと利用できない機能です。

2

吹き出物全体をドラッグします。

3

吹き出物が消えます。

Canvaで肌を滑らかにする方法

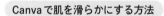

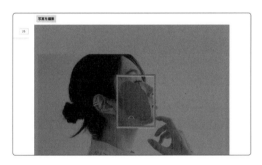

1

同じく「Magic Eraser」を選択し、頬全体をドラッグします。

2

頬が滑らかになります。

ネットで際立つ！ハンドメイド商品写真を撮影する方法

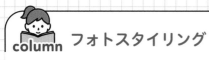

column フォトスタイリング

ここでは置き画のバリエーションとして、商品に小道具を加え、スタイリングを行うことによって撮影する「イメージ写真」の撮影方法ご紹介します。小道具をセンスよく配置して商品を撮影することを、「フォトスタイリング」と呼びます。フォトスタイリングには、ブランドイメージに合わせた小物の用意が欠かせません。特に、「お皿・トレイ」「写真立て」「洋書・雑誌」「背景ボード・布」などがあると便利です。どれも、100円ショップの「Seria (セリア)」などで揃えることができます。

最初に、背景ボードと布を設置します。背景ボードは、壁紙シートを貼って作成します。壁紙シートは100円ショップで、ボードはホームセンターで購入できるMDFボードを利用します。MDFボードは、60×90cmにします。シートの色味や柄は、商品を引き立てる「白い木目調」もしくは「大理石」などを選ぶとよいでしょう。

次に、「ハの字」を意識して小道具を並べます。「ハの字」とは、商品がカタカナの「ハの字」になるように配置する方法です。「ハの字」に並べることで、画面にリズムが生まれ、こなれ感が出ます。

♣ まっすぐに並べた状態

♣ 「ハの字」に並べた状態

また、被写体が3つある場合は「三角構図」を実践してみましょう。三角構図は、被写体を三角形の形に配置して撮影する方法です。三角構図は、画面に安定感が生まれるバランスのよい構図です。三角形の3つの頂点が被写体の中央に位置するように配置します。三角構図で小道具を配置したら、そのうちの2つを「ハの字」になるように動かします。

✤「三角構図」に並べた状態

✤「ハの字＋三角構図」に並べた状態

スタイリングでは、画面に対して対角線になるように布を配置してもよいでしょう。布はあえてシワが出るようラフに配置すると、背景にこなれ感が出ます。

商品を使用している状況を考えて撮影する

さらに商品を上手に撮影するためには、実際に商品を使っている状況を考えてみる必要があります。商品を立たせて撮るか、寝かせて撮るかは、商品が自立するか、自立しないかで変わります。

例えば、バッグチャームは自立しない商品です。その場合、商品を寝かせて撮ります。商品はカメラに対して、やや斜めに配置するとこなれ感がでます。さらに商品を立体的に見せるため、商品を少し傾けて撮影することで立体的に見せることができます。商品を傾ける際は、商品の下に小さな消しゴムを配置するとよいです。

▲クスッと笑えるあみぐるみショップ
Happy&Smile 工房
https://www.creema.jp/creator/818884/item/onsale

例えば、人形は自立する商品です。その場合、商品を立たせたり、座らせたりして撮ります。人形の下にも消しゴムを配置すると、人形が立ち上がった状態で撮影できます。

▲ドール服の製作・販売ショップ プティパ工房
https://petitpascobo.base.shop/

5

minne で売る！
売れる商品ページ
を作る方法

minneで売るには
「商品ページの作り込み」が必要

● minneでショップページを作る

　ここまでで、売れる商品を決定し、ブランドロゴを作成し、商品写真を撮影できました。これで、ネットショップを立ち上げるために必要な素材を準備することができました。この章では、これらの素材を使って、実際にネットショップを作成していきます。利用するのは、ネットショップサービスのminneです。

　minneは、登録作家数87万人、登録作品数1,500万点以上の国内最大のハンドメイドマーケットプレイスです。ネットショップ初心者でも使いやすいので、本書ではminneを利用して商品ページの作り込み方法を解説していきます。他のネットショップを利用される方も、それぞれのネットショップで同じような内容を設定する箇所がありますので、参考にしてください。

minne（minne.com）

ショップのトップページ（作品一覧）

販売中の商品が表示される

プロフィールページ

作家の自己紹介やブランドの紹介を表示できる

● 商品ページを作る

　ネットショップにおける商品ページは、いわば「接客」です。店頭で直接販売する場合、お客さまは近くにいる店員さんに質問をして、疑問を解消します。しかし、ネットショップの場合、お客さまは店員に質問をすることができません。わからないことがあれば、すぐに他のお店へ行ってしまいます。1人でも多くのお客さまに商品を購入してもらうためにも、かゆいところに手の届く気の利いた商品ページを作る必要があります。

　商品ページは、写真と文字で構成されています。写真は、商品の情報が正しく伝わることはもちろん、商品を購入した際にどのように使うのか？　身につけるとどのようになるのか？　といったことまで伝わるように撮影する必要があります。写真には、その内容を説明するための文章も加えます。文章を加える際は、お客さまが見やすいようにデザインすることを心がけます。

　写真と文章で説明された画像が仕上がったら、商品ページに登録していきます。商品画像を登録したら、商品説明文を入力し、オプション項目を充実させていきます。

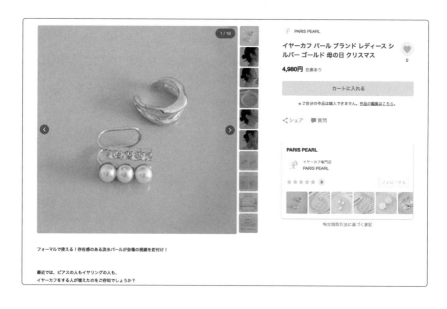

　ここで、minne で商品ページを作るための作業の流れを抑えておきましょう。最初に、minne のアカウントを取得するため、メールアドレスとパスワードを設定します。次に、氏名・住所・肩書きなどの情報を設定します。続いて、第2章で作成したブランドロゴやコンセプトなど、ショップ情報を設定していきます。さらに、Canva を使って、商品画像を作成していきます。画像を用意できたら、商品ページに登録します。登録する際は、商品名や商品説明文、オプション項目なども入力します。最後にステータスを「販売する」に切り替えると、販売が開始されます。たくさんのお客さまの目に留まる、魅力的な商品ページを作成していきましょう。

①アカウント取得
メールアドレスとパスワードを設定する
↓
②メール認証
登録したメールアドレス宛に認証メールが届く
↓
③会員情報の設定
氏名・住所・肩書き・銀行口座などの会員情報を設定する
↓
④ショップ情報の設定
カバー画像やブランド名などのショップ情報を設定する
↓
⑤特定商取引法に基づく表記の設定
お客さまとのトラブル回避のために明記する
↓
⑥商品画像の用意
購買心理の8ステップに合わせた画像を用意する
↓
⑦商品登録
説明文やオプションなどの必須項目を設定する
↓
⑧開店を申請する
ステータスを「販売する」に切り替えるとすぐに販売が開始される

minneのアカウントを取得する

● minneのアカウントを作る6ステップ

最初に、minneのアカウントを取得するところから始めましょう。あらかじめ、送受信ができるメールアドレスを用意しておきます。

1

minneのトップページを表示します。

2

右上にある「ログイン」をクリックします。

3

「会員登録」をクリックします。

4

メールアドレスを入力し、「会員登録メールを送信」をクリックします。

5

届いたメールに書かれているURLをクリックします。

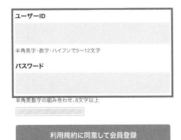

6

ユーザーIDとパスワードを、半角英数字で入力します。ユーザーIDは、ショップページのURL「http://minne.com/@XXXXXXXXXXX」のXの部分になります。ブランド名のアルファベット表記を入力します。認証が完了すれば、minneのアカウントを取得できました。

minne で売る！売れる商品ページを作る方法

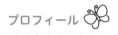

「プロフィール・ショップ情報」を設定する

● ロゴを登録する

　minneのアカウントを取得できたら、続いてプロフィールの設定を行います。「アイコン」には、第3章で作成したロゴを登録します。

1

minneの画面で、「設定」＞「プロフィール」の順にクリックします。

2

「編集」をクリックします。

3

「画像をアップロード」をクリックします。

4

ロゴの画像ファイルを選択し、「開く」をクリックすると、ロゴが登録されます。

● 写真でブランドコンセプトを伝える

「制作風景やお気に入りの作品画像」には、ブランドコンセプトや商品の制作風景が伝わる写真を2枚設定します。

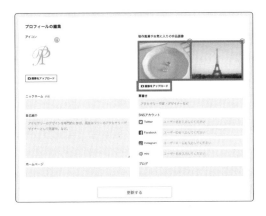

1

「制作風景やお気に入りの作品画像」の「画像をアップロード」をクリックします。画像を選択して「開く」をクリックすると、画像が登録されます。

● 自己紹介を設定する

続いて、ニックネーム、肩書、自己紹介の設定を行います。

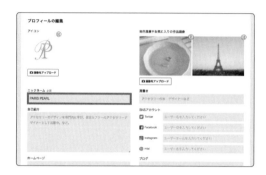

1

「ニックネーム」には、P.103の手順6で設定した文字列が表示されています。ニックネームは、minne上でお客さまとやり取りする名前です。また、URLの文字列になります。必要に応じて、変更しましょう。ここでは、ブランド名である「PARIS PEARL」に変更しています。

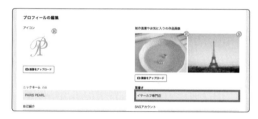

2

「肩書き」には、何を販売しているショップなのかがひと目でわかる肩書きを入力します。ここでは、第2章で市場規模を調査した、「イヤーカフ専門店」と入力しています。

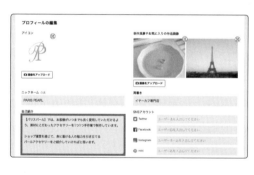

3

「自己紹介」は、この人から買いたいと思ってもらえるよう、実績や強みも交えながら、お店のコンセプトやどのような人にお店を利用してもらいたいかを伝えましょう。

例文：

【パリスパール】では、お客様がいつまでも長く愛用していただけるよう、
素材にこだわったアクセサリーを1つ1つ手作業で制作しています。

ショップ運営を通じて、身につける人の魅力を引き立てる
パールアクセサリーをご紹介していければと思います。

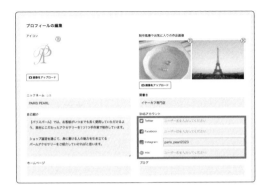

「SNSアカウント」は、お使いのSNS
のユーザーIDを入力してください。
第7章でお伝えするインスタグラム
のユーザーIDは、必ず入力しておき
ましょう。

5

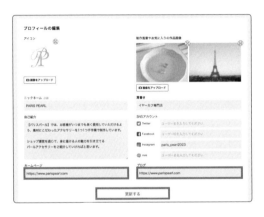

___5___

ホームページやブログを持っている
人は、「ホームページ」や「ブログ」
にURLを入力します。「更新する」を
クリックすれば、登録完了です。

minneで売る！売れる商品ページを作る方法

● お客様情報を設定する

　「設定」＞「お客様情報」から、
名前、生年月日、住所、電話番
号などの個人情報を設定します。
メールアドレスは、P.103で入力
したアドレスがあらかじめ入力
されています。「必須」と記載さ
れているもの以外は、入力しな
くても構いません。最後に「更新
する」をクリックします。

● 販売者情報を設定する

続いて、販売者情報を設定していきましょう。

1

P.107で「お客様情報」を設定すると、minneの設定ページ上部に「販売者登録を完了させましょう！」という画面が表示されます。この画面の「次のステップへ」をクリックします。

2

「SMSを受信する」をクリックします。

3

登録してある携帯電話番号あてに認証番号の入ったショートメールが届くので、番号を入力し「認証する」をクリックします。

4

事業者確認の申請で「次のステップ
へ」をクリックし、開業届を出して
いる場合は、「個人事業主」、開業届
を出していない場合は「どちらでも
ない」を選択し、「申請する」をク
リックします。

5

「申請が完了しました。」と表示され
たら、「販売者登録を完了する」をク
リックします。これで、販売が可能
になります。

6

申請後、「設定」>「ショップ」をク
リックし、ショップの設定を行いま
す。「ステータス」は、「販売する」
と「販売しない」が選択できます。
これからネットショップを開店する
なら、もちろん「販売する」を選択
してください。

minneで売る！売れる商品ページを作る方法

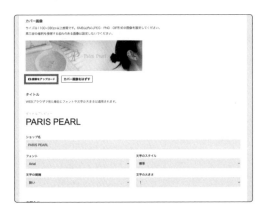

7

「カバー画像」の「画像をアップロード」をクリックします。カバー画像を選択し、「開く」をクリックします。「カバー画像」は、ショップページのトップに大きく表示される画像です。コンセプトを文字で伝えたり、商品画像を配置したりして、何を販売しているショップかが一目でわかる画像を登録します。P.114も参考にしてください。

8

「ショップ名」に、お店のブランド名を入力します。ここでは、「PARIS PEARL」と入力しています。ここで入力したブランド名が、お店の名前としてショップページに表示されます。「フォント」で、ブランド名のフォントを選択します。「ゴシック体」と「明朝体」を選べるので、P.58で選んだフォントに似ている方を選びましょう。また、必要に応じて、「文字のスタイル」「文字の間隔」「文字の大きさ」を設定します。ここで設定した内容が、ショップページのお店の名前に反映されます。

9

「お知らせ」に、新作商品や臨時休業などの情報を掲載します。

> 例文：新作商品は毎月1日に発売しています！ご注文商品は3営業日以内で発送させていただきます。

10

「ショップ紹介」には、プロフィール
に書ききれなかった、商品のこだわ
りや想いなどを入力します。さら
に、営業時間や発送日数など、
ショップ全体のお知らせも入力して
ください。

5

minneで売る！売れる商品ページを作る方法

例文：
ちょっと大人っぽくてパリジェンヌからインスピレーションを得た
デザインが身につける人の一部となり、
魅力を引き立てる【パリスパール】のアクセサリーショップです。

【受注製作について】
ご注文確定（ご入金確認）後、商品発送まで3日〜1週間程お時間を頂戴しております。

【30日間無料修理保証書】
お買い上げ日から1ヶ月以内の修理は、自損以外の理由に限り、無償で行わせていただ
きます。WEBショップで購入された場合は配達日がお買い上げ日となります。なお、記
載されているお買い上げ日が配達日と異なった場合には、お客様ご自身で訂正をお願い
致します。店頭販売の場合は、お買い求め頂いた日がお買い上げ日となります。保証期
間を過ぎた場合は有償となりますのでご承下さい。

【定休日について】
誠に勝手ながら土日祝日は、お休みを頂戴しております。
すべてのご連絡、ご対応は翌営業日にさせて頂きます。何卒ご了承下さいませ。

【価格変動について】
14KGF/10K商品は、仕入れ時の地金相場の市況の変動に伴い、価格を予告なく変更す
る場合がございます。何卒ご理解賜りますようお願い申し上げます。

最後に「更新する」をクリックして
完了です。

● 信用度が増す特定商取引法に基づく表記

「設定」>「特定商取引法に基づく表記」の順にクリックし、「特定商取引法に基づく表記の登録」を設定します。「必須」と書かれている項目は、必ず入力します。所在地や連絡先を公開することに抵抗を感じる方もいるかもしれませんが、公開することで信用度が増します。市区町村や番地まででも大丈夫なので、可能な範囲で公開しましょう。

特定商取引法に基づく表記の登録

事業者名

事業者 姓 必須	事業者 名 必須
山口	実加

事業者の所在地・連絡先

郵便番号 必須	都道府県 必須
1234567	東京都 ∨

市町村・番地 必須	建物名など
○○市△△町123番地	××マンション123号

電話番号 必須

08012345678

プライバシー設定

☑ 所在地・連絡先を非公開にする

※事業者の所在地・連絡先を非公開にできます。非公開にすると、代わりにminneを運営している「GMOペパボ株式会社」の所在地・連絡先が表示されます。
詳細はヘルプとガイドをご覧ください。

※購入者から作品の破損・不備等についてお問い合わせがあった場合は、必要に応じて開示していただくことがあります。

| 登録する |

特定商取引法に基づく表記について

個人情報開示の考え方

ネットショップを開店するにあたり、個人情報を開示するのに不安を覚える方も多いかもしれません。左ページの「特定取引法に基づく表記」にも、個人情報を記載する必要があります。しかし、個人情報があるのとないのとでは、ショップに対する信用度が違います。例えば

・氏名
・住所
・電話番号
・顔写真

といった個人情報を開示しているかしていないかで、売上が125%変わるという話もあります。ハンドメイド商品を仕事として販売するのであれば、できる限り個人情報を公開して、売上の最大化を目指しましょう。

どうしても住所を公開したくないという人は、バーチャルオフィスを利用することで、住所を借りてネットショップ運営を行うことが可能です。バーチャルオフィスとは、住所や電話番号のみを借りられるサービスのことです。作業スペースを提供するレンタルオフィスやコワーキングとは異なり、実際に入居はせず、住所や電話番号のみを利用します。

いずれにしても、個人情報を開示することによって売上はさらに拡大されます。個人情報はできるだけ公開するようにしましょう。

5

minne で売る！売れる商品ページを作る方法

Canvaでカバー画像を作成する

Canvaを使うと、ネットショップのカバー画像をかんたんに作成することができます。一連の流れをご紹介しますので、参考にしてください。

1

Canvaで「デザインを作成」>「カスタムサイズ」をクリックします。

2

幅「1100」、高さ「280」に設定し、「新しいデザインを作成」をクリックします。

3

キャンバスが立ち上がったら、文字と写真でデザインします。

以下にカバー画像の例を掲載しておきます。ご自分のショップのカバー画像を作成する際の参考にしてください。

▲布ナプキン、おりもの用布ライナー専門店 agio
https://minne.com/@monne33

▲フラワーデザインショップ Bonne Chance
https://minne.com/@bonne15

▲あなたの記念日を彩るフラワーギフト
　フラワーギフト専門店 soleil
　https://www.creema.jp/creator/5587792/item/onsale

04

「接客できる商品画像」を登録する

● ネットショップは画像が命

　ネットショップでは、商品画像の良し悪しで売上が決まります。お客さまのほとんどが、商品写真だけを見て、ネットショップでお買い物をしています。特に女性のお客さまをターゲットにしているのであれば、商品内容が直感的に理解できるような画像を作成していきましょう。ネットショップでは、実店舗のように商品を手に取ったり、試着をしたり、店員さんから商品の案内を受けることができません。商品写真は、接客するための画像だと理解して、充実した商品ページを作成していきましょう。

　ネットショップで必要になる商品写真は、2種類あります。それは、「ファースト画像」と「商品ページ画像」です。「ファースト画像」は、商品ページの顔になる1枚目の画像です。ネットショップで、お客さまは検索欄から商品を検索して探します。例えばイヤーカフがほしいお客さまは、ネットショップの検索欄に「イヤーカフ」と検索します。すると検索結果が表示され、たくさんの出品者の「イヤーカフ」画像が並びます。この画像を「ファースト画像」と呼ぶのです。

　この「ファースト画像」を見て、お客さまは気になる商品写真をクリックします。クリックされることで、アクセス数1とカウントされます。つまり「ファースト画像」が魅力的であればたくさんクリックされる可能性もありますが、魅力的でなければ一度もクリックされない恐れもあります。

● 画像はお客さまの購買心理に合わせて並べる

それに対して「商品ページ画像」は、お客さまがファースト画像をクリックし、あなたのショップの商品ページに入ってから表示される画像になります。あなたのショップに来てくれたお客さまに、商品の画像を見てもらい、購買まで進んでもらう必要があります。そのために必要になるのが、「購買心理の8ステップ」という考え方です。これは、お客さまの購買心理を「警戒」「興味」「想像」「欲求」「比較」「納得」「決定」「満足」という8つのステップに分類したもので、最初は「警戒」していたお客さまが次第に「興味」を持ち、「想像」や「欲求」を膨らませ、「比較」、「納得」した上で購入の「決定」「満足」にまで至るプロセスを表しています。本書ではこの8つのステップを4つに分類し、それぞれの画像を作成していきます。

○**STEP1 警戒・興味**

警戒…販売実績や活動実績、受賞履歴など

興味…こだわりのポイントや独自の技術など

↓

○**STEP2 想像・欲求**

想像…使用イメージや着用イメージなど

欲求…商品を手にしたあとの未来など

↓

○**STEP3 比較・納得**

比較…カラーバリエーション・サイズ展開など

納得…商品サイズ・使い方・ギフト包装など

↓

○**STEP4 決定・満足**

決定…配送スケジュールなど

満足…保証やアフターサービス

なお、「商品ページ画像」を作成する際は、Canvaの「カスタムサイズ」で1200px x 1200pxの画像サイズで作成してください。ネットショップによって推奨画像サイズは異なりますが、1200pxのサイズがあれば、スマートフォンやパソコン、どのデバイスで見てもきれいに表示されます。

「ファースト画像」を用意する

● 1番力を入れるべきは1枚目の画像

　それでは、最初に「ファースト画像」の作成を行いましょう。「ファースト画像」は、検索結果に表示される数多くの商品の中からあなたの商品を選んでもらうための、重要な画像です。思わずクリックしたくなるような、渾身の1枚にしてください。あなたの商品と同じ検索キーワードで検索して、検索結果の中で目を引く写真を参考に、商品を撮影してみてください。

　例えば「イヤーカフ」のようなアクセサリー商品は、購入後のイメージが湧くよう、人物が身につけている写真が望ましいです。また、その商品の売りとなる言葉を短くまとめて、アイキャッチになるアイコンを作成するのもおすすめです。「送料無料」や「2点セット」「選べる4色」など売りとなるオプションをアイコンとして加えてみるのもよいでしょう。このアイコンも、Canvaで作成できます。

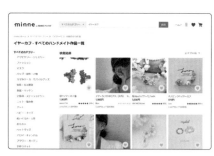

◀ファースト画像の入ったトップページ

▲ファースト画像の写真

▲ファースト画像のアイキャッチ①

▲ファースト画像のアイキャッチ②

1

Canvaで「デザインを作成」>「カスタムサイズ」をクリックします。

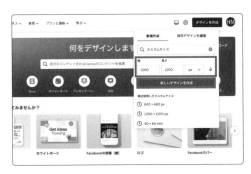

2

幅と高さに「1200」と入力し、単位は「px」を選択します。「新しいデザインを作成」をクリックします。

3

1200 × 1200pxのキャンバスが開きます。

4

「アップロード」>「ファイルをアップロード」を選択し、ファースト画像にする画像をアップロードします。画像のアップロードが終わったら、左側の一覧で画像をクリックします。すると、キャンバスに画像が表示されます。

minneで売る！売れる商品ページを作る方法

119

5

画像を選択すると、紫の選択枠が表示されます。枠の四隅に表示された丸を外側にドラッグすると、画像が拡大されます。1200 × 1200pxのキャンバスに最適な構図で画像が入るように調整します。

6

「素材」をクリックします。

7

「円」と入力し、「グラフィック」をクリックします。

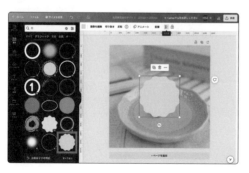

8

複数の円形素材の中から、外線が波模様になっているものをクリックします。

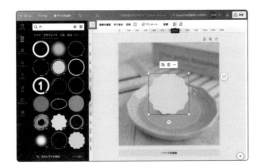

9

円形素材を選択した状態で、左上の「カラーパレット」をクリックします。

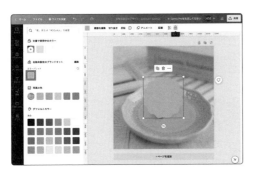

10

P.61で登録した、パリスパールのブランドカラー（#DDBAD0）が表示されます。このブランドカラーを選択します。登録していない場合は、「#DDBAD0」を入力し、カラーを表示します。

11

ブランドカラー（#DDBAD0）が背景になじんで目立たない場合は、円形素材を選択した状態で「カラーパレット」を選択し、「＋」をクリックします。カラーピッカーのポイントが（#DDBAD0）を指しているので、斜め右下45度にドラッグすると、（#DDBAD0）を少し暗くした色ができあがります。

12

再度「素材」をクリックし、「円」と入力してから「グラフィック」をクリックします。複数の円形素材の中から、今度は装飾枠を選択します。

minneで売る！売れる商品ページを作る方法

13

最初に作成した波の円の上に装飾枠を移動し、サイズを調整します。装飾枠が白のままでは目立ちすぎるので、装飾枠を選択し、「透明度」>「60」を選択します。

14

「テキスト」>「小見出しを追加」を選択します。

15

「送料無料」と入力します。「送料無料」を選択した状態で、「フォント」の「∨」をクリックします。「はれのそら明朝」を選択します。

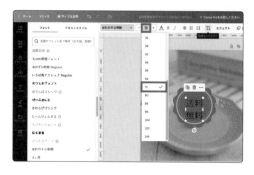

16

「送料無料」を選択した状態で、「フォントサイズ」>「72」を選択します。

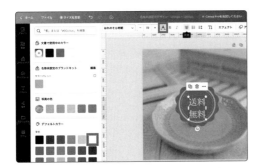

17

「送料無料」を選択した状態で「テキ
ストの色」を選択し、白を選択しま
す。

18

「送料無料」を選択した状態で、「ス
ペース」>「行間隔」>「1.1」を選択
します。

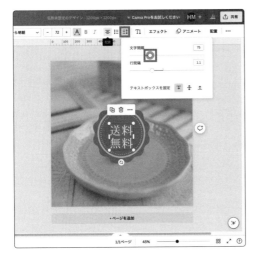

19

「送料無料」を選択した状態で、「ス
ペース」>「文字間隔」>「75」を選
択します。

minneで売る！売れる商品ページを作る方法

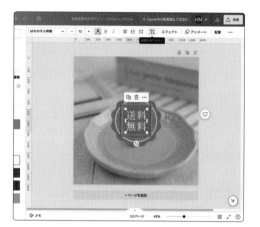

20

「送料無料」を、円形素材の中央に配置します。

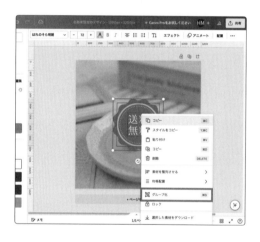

21

Shift キーを押しながら円形素材、装飾枠と「送料無料」をクリックし、選択します。3つを選択した状態で右クリックし、「グループ化」を選択します。

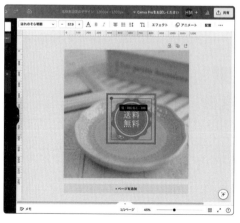

22

グループ化された「送料無料アイコン」を選択すると、紫の選択枠が表示されます。枠の四隅に表示された丸を内側にドラッグすると、画像が縮小されます。

画面の明るい色味の範囲に、「送料無料アイコン」を配置します。

5

minne で売る！売れる商品ページを作る方法

画像のリサーチを行う

column

「ファースト画像」や「商品ページ画像」を作成する際は、同業他社のリサーチを行いましょう。リサーチは、あなたが出店するカテゴリのランキング上位の店舗から行います。ランキング上位の「商品ページ画像」は、ここでお伝えした購買心理に沿って作成されている場合が多いです。参考にするお店を見つけたら、「警戒・興味」「想像・欲求」「比較」「納得」「決定・満足」の順にどのような画像で展開されているかを分析します。まずは文章としてまとめ、それをもとに手書きのラフを作成して、どのような写真を撮るのかを考えていきます。

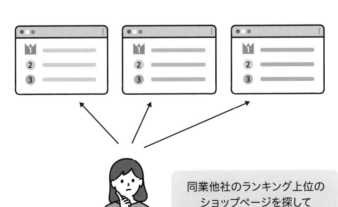

同業他社のランキング上位の
ショップページを探して
画像のリサーチを行う

06

STEP1

「警戒・興味」用の画像を用意する

● 実績を並べてお客さまの警戒を解く

　「ファースト画像」が完成したら、続いて「商品ページ画像」を用意していきます。商品ごとに「購買心理の8ステップ」の4つの分類に沿って画像を用意し、商品ページに掲載します。最初のステップは、「警戒・興味」です。ネットショップを訪れたお客さまは、どんなお店かわからないので「警戒」しています。その「警戒」を解いて、「興味」を持ってもらうためには、お客さまを引き寄せるインパクトある内容を提示します。

　「警戒・興味」用の画像として最適な画像は、実績画像です。お店を知らないお客さまに、お店を信用してもらうために作成する画像です。ネットショップ初心者さんは、ネットショップ以外の実績でも問題ありません。例えば雑誌や新聞紙などにメディア掲載されているなら「○○雑誌掲載」、○○賞を授賞したなら「○○賞授賞」と書きます。お客さまが○○雑誌や○○賞のことを知らなくても、問題ありません。

　何も書くことがないという場合は、その作品を作っている年数でもよいでしょう。何年も継続して作品を作っているという実績に、お客さまは安心し「興味」を持ってくれます。

▲マクラメアクセサリーショップ Polaris
https://www.creema.jp/creator/2433233/item/onsale

▲布ナプキン、おりもの用布ライナー専門店 agio
https://nunonapuagio.base.shop/

有名な商業施設で商品を取り扱ってもらっているなら、取引実績を載せてください。イベント出店経験がある場合は、イベント出店での実績や出店風景を載せるのもよいでしょう。また、「発表○ヶ月で○○個販売」のように、これまでの実績を数字で表現するのもおすすめです。

　どのような実績も、あなたの活動内容がわかる写真と合わせて作成することで信憑性が増します。写真を探して、デザインしていきましょう。

▲量産型リボン専門店 RuRu ♡ PuPu
https://minne.com/@ruru-pupu

▲イヤーカフ専門店 orie
https://minne.com/@orie27

まだ実績がないと不安に思っている方は、商品への想いを載せましょう。あなたはなぜその商品を販売したいのか？　その想いを書いてください。想いを書く際は、直筆で書くのもおすすめです。直筆で書くことにより、あなたの優しい人柄が伝わります。

▲ぬいぐるみ・バッグチャームショップ kanano ♡
http://minne.com/@imehi

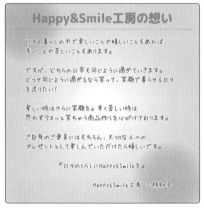

▲クスッと笑えるあみぐるみショップ Happy&Smile 工房
https://www.creema.jp/creator/818884/item/onsale

● 価値を高める商品のこだわり

「警戒・興味」用の画像のうしろに「こだわり画像」を作成・配置すると、さらに効果的です。「こだわり画像」には、商品の価値を高めるための役割があります。ハンドメイド商品は、価格を下げるのが難しい商品です。そのため、こだわり画像を用意して金額の理由を説明することで、内容に納得してお客さまに購入してもらえます。「あなたならでは」のこだわりの理由を3つくらい伝える画像を1枚作成しましょう。例えば、痛くなりにくいイヤーカフを作っているなら、それがわかる画像と文章を用意します。

▲イヤーカフ専門店 orie
https://minne.com/@orie27

また、専門家ならではの特殊な技法、こだわりの素材を使って商品を作っているなら、その品質が伝わる画像と文章を用意してください。

▲ワイヤークロッシェショップ sweet ranunculus
https://minne.com/@sweet-ranun

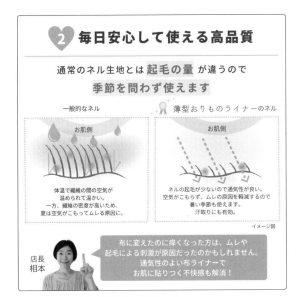

▲布ナプキン、おりもの用布ライナー専門店 agio
https://nunonapuagio.base.shop/

画像

STEP2

「想像・欲求」用の画像を用意する

● お客さまに「使っている自分」を想像させる

　お客さまの気持ちが「警戒・興味」をクリアしたら、次は「想像・欲求」です。商品の使用イメージや用途を伝えることで、お客さまは商品を使っている自分を「想像」し、ほしいという「欲求」が生まれてきます。「想像・欲求」画像では、商品購入後のイメージを多く見せることが大切です。5〜6枚くらいの「想像・欲求」画像を用意してください。お客さまは商品を手に取って見ることができないので、正面から写真を撮ったり、左右から写真を撮ったり、商品に近づいてアップで撮ったり、商品から離れて引きで撮ったりしながら、商品を何回も見せてあげてください。

✤ アップで撮る（物撮り）

✤ 引きで撮る（物撮り）

✤ 横から撮る（モデル撮影）

✤ 横から撮る（モデル撮影）

✤ 横から撮る（モデル撮影）

✤ 横から撮る（モデル撮影）

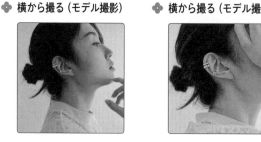

● シーン別画像を用意する

　「想像・欲求」画像は、商品購入後のイメージができるように、その商品を使っている様子がわかる画像を撮影してください。部屋に飾るものであれば、部屋に飾った様子も撮影してください。その際、ブランドイメージに合う家具や、商品を利用する時に一緒に使うとよい小道具なども、事前に準備しておきます。家の家具で撮影する場合は、家具の配置を変えて、生活感のあるものが映り込まないように注意します。小道具の色味がブランドイメージに合うかどうか、隅々まで注意して撮影してください。小道具を使ったフォトスタイリングの方法は、P.94で解説しています。

　例えばエコラップを撮影する場合は、キッチンで利用しているシーンを撮影します。命名書を撮影する場合は、赤ちゃんと並んで撮影します（赤ちゃんと撮影するのが難しい場合は、素材画像で代用します）。

✤ エコラップに食材を包んだ画像

▲ミツロウラップ、キャンドルショップ OzKoi
https://www.creema.jp/c/ozkoi/item/onsale

✤ 赤ちゃんと一緒に撮影した画像

▲筆文字アート店　ゆらり
https://minne.com/@yurari-tm

　写真立てを撮影する場合は、飾っているところを撮影します。ソファーで使ってほしい場合は、ソファーの上に配置して撮影します。

✤ 写真立てを飾っている画像

▲押し花工房　和（なごみ）
https://ateliernagomi.com/

✤ ソファーで使う様子の画像

▲メキシコ雑貨店 Tabi Toki
https://tabitoki.base.shop/

● 装飾品なら必ず着画を撮る

　アクセサリーや雑貨、洋服など身につけられるものなら、モデルが商品を身につけた写真を撮ってください。プロのモデルさんに依頼するのはお金がかかるので、あなた自身が商品を身につけながらポージングして撮影するのが望ましいです。

　例えばネックレスを撮影する場合は、首元がきれいに見えて、商品もよく見える角度を探してみてください。お洋服の場合は、あなた自身が洋服を着てポージングを取って撮影します。

✤ 首元に商品をつけた画像

▲マクラメアクセサリーショップ Polaris
https://www.creema.jp/creator/2433233/item/onsale

✤ 商品を身につけた画像

▲着物リメイクショップ towani
https://shop.towani-nippon.shop/

　どうしてもあなたをモデルに撮影できないという場合は、トルソーを利用します。あなたがモデルをする場合も、トルソーを利用する場合も、ネックレスに合うコーディネートを用意して撮影します。

▲天然石ショップ crystalrosa
https://shop.crystalrosa-style.com/

▲シルバーアクセサリーショップ
FUMIKO JEWELRYWORKS
https://fumikojw.handcrafted.jp/

イヤーカフや耳つぼジュエリーを撮影する場合は、耳元がきれいに見えて、商品もよく見える角度を探してみてください。

✤ 耳元に商品をつけた画像

▲耳ツボジュエリーショップ wacca
https://thebase.page.link/31Nh

▲アクセサリーショップ keimiilagun
https://minne.com/@keimiilagun

バレッタを撮影する場合は、髪の毛につけているところを撮影します。髪が短くてモデルができない場合は、ヘアマネキンやウイッグを利用するのがおすすめです。

✤ マネキンに商品をつけた画像

▲ポリマークレイショップ Vida feliz（ヴィータ フェリース）
https://minne.com/@vida-feliz

▲リボンバレッタショップ Blooming
https://blooming358.base.shop/

バッグチャームを撮影する場合は、バッグにつけているところを撮影します。コサージュを撮影する場合は、洋服につけているところを撮影します。

✤ バッグに商品をつけた画像　　✤ 洋服に商品をつけた画像

▲クスッと笑えるあみぐるみショップ Happy&Smile 工房
https://www.creema.jp/creator/818884/item/onsale

▲布花・紙花アクセサリーショップ ETERNALROSE
https://www.creema.jp/creator/553997

画像

08

STEP3

「比較・納得」用の画像を用意する

● 比較画像は同じ画角で揃える

　お客さまに「想像・欲求」を持ってもらえたら、次は「比較・納得」です。お客さまはすでに商品に対して関心を持っているので、商品を「比較」することによって検討してもらい、商品のサイズ・使い方などを伝えることで「納得」してもらいます。

　「比較」画像は、カラーバリエーションやサイズを比較しながら選べるようにします。色の数だけ、同じ画角で商品を撮影します。撮影した画像を1枚に配置した、「カラーバリエーション画像」を作成するのがおすすめです。

カラーバリエーション

カラーは2種類からお選びいただけます

BRASS

SILVER 925

● カラバリは選びやすいように設定する

　商品の購入ページでは、「比較」画像で提案した色やサイズをプルダウンメニューで選べるようにする必要があります。プルダウンメニューは、minneの管理画面から以下の方法で設定できます。

1

「作品登録」ページ内の「販売設定」＞「販売する」を選択します。

2

「購入オプション」の「オプション1」で、P.152の方法で設定したオプションを選択します。該当する購入オプションがなければ、「購入オプションを編集する」＞「新規登録」から登録を行います。

● 納得画像はお客さまの不安を解消する

「納得」画像では、商品のサイズ・商品の使い方・ギフト包装の種類を伝えます。特にネットショップで購入するお客さまの場合、「商品のサイズ」が伝わりづらいです。購入後に誤解を招かないためにも、「商品のサイズ」を表す画像は必ず用意しましょう。「商品のサイズ」画像は、商品をシンプルな背景で撮影した画像や、商品を切り抜いた画像を使います。長さはどこからどこまでが何センチなのか？矢印や点線を使って、画像を作成します。

▲フラワーギフト専門店 Rosetta
https://store.shopping.yahoo.co.jp/rosetta-bouquet/

▲つまみ細工の髪飾りショップ つき花
https://www.creema.jp/c/tsukihana_tsumami

また、「商品の使い方」を伝える画像を用意すれば、お客さまの不安を解消し、「納得」へとつなげる効果を期待できます。

◀量産型リボン専門店 RuRu ♡ PuPu
https://minne.com/@ruru-pupu

「商品の使い方」画像は、使い方の流れがわかるように、各行程別の写真を配置します。行程が4つであれば、順番がわかるように数字の「1〜4」をふって、写真を補足する短い文章を入力します。

「ギフト包装の有無」画像を用意すれば、プレゼント需要に応えることもできます。客単価を上げるチャンスにもなりますので、ブランドイメージに合うギフト包装を考えてみてください。その場合は無料の通常包装と有料のギフト包装の画像を用意し、ちがいがわかるように並べて配置します。

「ギフト包装の有無」画像は、通常包装の写真とギフト包装の写真を配置した画像です。どのような梱包で届くのかが伝わるように撮影してください。通常包装は「無料」で提供するので、「無料」ということが伝わるように、「無料」という文字を四角で囲んで配置します。

◀ミニ手まり専門店 さく羅
https://www.creema.jp/creator/3907086

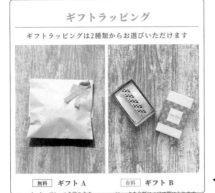

一方のギフト包装は「有料」で提供するので、「有料」ということが伝わるように、「有料」という文字を配置してください。

◀ポリマークレイショップ Vida feliz（ヴィータ フェリース）
https://minne.com/@vida-feliz

minne で売る！売れる商品ページを作る方法

「決定・満足」用の画像を用意する

● 絶対に遅延しない日数を設定する

　お客さまに「比較・納得」してもらえたら、次は「決定・満足」です。お客さまはすでに「納得」しているので、あとは「決定」のお手伝いをして、購入後に「満足」してもらえることを保証します。

　「決定」画像は、購入から何日後に商品が届くのかがひと目でわかる「配送スケジュール」を用意し、中央にカレンダーを配置します。商品の到着がいつになるかは、お客さまが購入を決定する上での重要なポイントになります。なるべく早く届くよう3営業日くらいでの商品発送がベストですが、遅延してしまうとトラブルになりかねないので、余裕のある日程を設定するようにしてください。

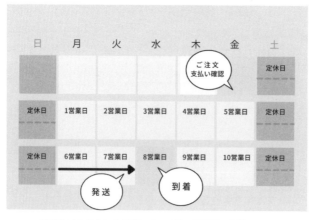

● Canvaの表機能を使ってカレンダーを作る

カレンダー画像は、Canvaで作成します。

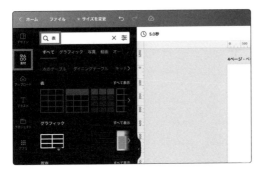

1

「素材」の検索欄に「表」と入力し、検索します。

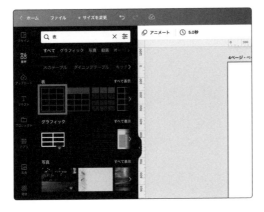

2

表示された「表」の中から、1番左上の「表」をクリックします。

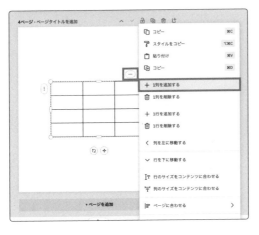

3

表の上部に表示された「…」をクリックし、「1列を追加する」をクリックします。

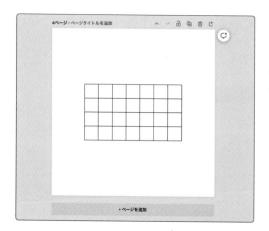

1週間は7日間なので、「1列を追加する」を4回クリックし、合計7列になるようにします。

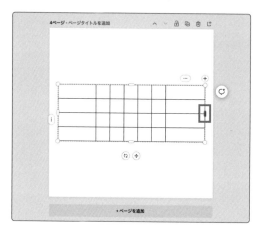

右辺の中央にある四角をドラッグして、表を左右に伸ばします。

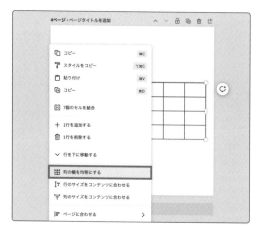

表の左にある「…」をクリックし、「列の幅を均等にする」をクリックすると、列の幅が均等になります。

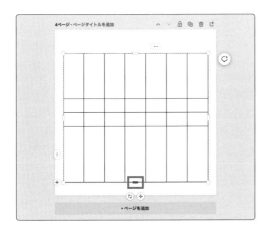

7

下辺中央にある四角をドラッグして、表を下に伸ばします。

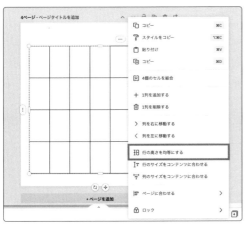

8

表の上にある「…」をクリックし、「行の高さを均等にする」をクリックすると、行の高さが均等になります。

9

表の上に、左から「日」「月」「火」「水」「木」「金」「土」と曜日の文字を配置します。

カレンダー作成の際は、金曜日に購入された場合のシミュレーションを記載しましょう。金曜日に購入した場合、土日休みを挟んで、月曜日から1営業日と数えます。しかし、お客さまは土日も営業日に数えて、商品の発送が遅いと心配される場合が多いです。トラブルにならないように、カレンダーで発送日を伝えるようにしましょう。

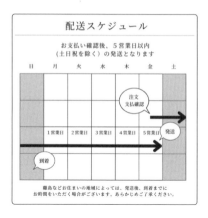

● 無償修理で満足してもらう

「満足」画像では、商品がお客さまの手元に届いたあとに安心していただけるような「修理制度」を伝えます。「修理制度」では、商品購入後○日以内の修理を無償にします。○日以降は、修理を有償で承ります。修理もしてもらえる手厚いお店だとお客さまに伝われば、アフターサービスに満足して商品を購入してくれます。

　○日の部分は、一般的に30日がおすすめです。30日が長すぎると考える場合は、7日以内、14日以内などお好きな日程を設定してください。

　また、保証をつけるのは竹・松の商品のみとし、梅商品にはつけないでください。梅商品に保証をつけてしまうと、そこでお客さまが満足してしまい、本来売りたい松・竹商品が売れなくなってしまう恐れがあります。それ以外にも、「自損の場合は保証の範囲外」「保証がつくのは5,000円以上の商品のみ」といった条件をつけるのもよいでしょう。

column 保証書の作成方法

保証書の作成には、Canvaを利用します。保証書は名刺サイズで作成するのが一般的です。保証書には、保証内容を記載します。例文を用意しましたので、アレンジしてご利用ください。

> 30日無料修理保証
>
> お買い上げ日から1ヶ月以内の修理は、自損以外の理由に限り、無償で行わせていただきます。保証期間を過ぎた場合は、有償となりますのでご了承下さい。修理ご依頼の際は、お買い求めいただいたネットショップよりご連絡ください。

紙媒体の場合、QRコードで連絡先を作成すると、お客さまが円滑に問い合わせをすることができます。今回の保証書の場合なら、ネットショップのQRコードを作成して、保証書に掲載します。

また、問い合わせ先をLINE公式アカウントに集約するのも効果的です。LINE公式アカウントへの登録を促すことで登録者が増えると、今後はLINE公式アカウントにお知らせを配信するだけでたくさんのお客さまに届くようになります。物販ビジネスでは、インスタグラムとLINE公式アカウント、2つのSNSを利用することで、お客さまと円滑なコミュニケーションがとれるようになります。

さらに、保証書には商品を返送する際の住所を記載します。下記の情報が記載されていると、お客さまは円滑に商品を返送することができます。

> ブランド名
> 住所
> 電話番号

最後に、保証書を入れるための「ミニ横型封筒」をシモジマで購入すると、高級感が出るのでおすすめです。ミニ横型封筒に保証書を入れて、商品に同梱して発送するようにしましょう。

minne で売る！売れる商品ページを作る方法

商品ページを作成する

● minneで商品ページを作成する

　ここからは、いよいよminneの商品ページを作成していきます。前節までで作成した「ファースト画像」と「商品ページ画像」を、お客さまの購買心理の順に登録していきます。また、作品名やカテゴリーといった作品情報や、販売価格やサイズ、購入オプションといった販売設定の登録を行います。以下の手順で、商品の数だけ商品ページを作成してください。

$\underline{1}$

管理画面で、「作品登録」をクリックします。

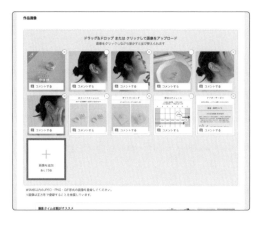

$\underline{2}$

ここから、それぞれの商品の商品ページを1つずつ作成していきます。「作品画像」の「ドラッグ＆ドロップまたはクリックして画像をアップロード」をクリックし、ここまでに作成した商品画像をすべてアップロードします。その商品のファースト画像も、アップロードしてください。minneでは、最大25枚の画像をアップロードできます。

3

「作品情報」の「作品名」で、商品の
名前を入力します。

例文：イヤーカフ パール ブラ
ンド レディース シルバー ゴー
ルド 母の日 クリスマス

4

「作品情報」の「カテゴリー」で、商
品のカテゴリーを選択します。

例文：
アクセサリー・ジュエリー
イヤーカフ・イヤーフック

5

「作品情報」の「作品の特徴」で、商
品の特徴として該当する項目に
チェックを入れます。

例：

素材
シルバー類
真鍮
パール・コットンパール

金属アレルギー
金属アレルギー対応

形状
イヤーカフ

両耳用／片耳用
片耳用

minne で売る！売れる商品ページを作る方法

「作品情報」の「作品説明」に、商品の説明を入力します。ここに入力した内容に含まれるキーワードによって、検索結果に表示させることができます。商品に関するキーワードを含めた文章を作成してください。

例文：
金属アレルギーでも安心！フォーマルで使える！
上質な淡水パールが会場の視線を釘づけ！

最近では、ピアスの人もイヤリングの人も、イヤーカフをする人が増えたのをご存知でしょうか？
しかしイヤーカフは、そのシンプルさゆえに、安く見られがちで、
なかなかフォーマルな場に合ったものが見つかりにくいです。

そんな中、選び抜いた上質パールの存在感が著しい、イヤーカフを作ることに成功しました！

つけ心地や金属パーツ部分にこだわったため
ピアスやイヤリングに負けない存在感を放っています。

最新の流行のトレンドもしっかりデザインに落とし込んでいるので
イヤーカフ＝古臭いという心配はありません。

最近では、ウェディングドレスに合わせていただくなど
たくさんの声をいただいています。

【イヤーカフは誰でもつけられる】
イヤーカフは耳にひっかけて使用するため
ピアスをご愛用に方にもイヤリングをご愛用の方にも
どちらにも使用することができます。

【つけている感じがまったくないほど軽い】
ピアスのフックやイヤリングの金具がないので
とても軽く、つけているのを感じさせないくらい軽い仕上がりです。

【SV925・14KGF製イヤーカフはアレルギーフリー】
パリスパールのイヤーカフは、SV925・14KGF素材が主力です。
耳に触れる部分には金属アレルギーを引き起こす
チタン素材を一切使っていないので
金属アレルギーを気にせず、ご使用いただけます。

【商品情報】
金属：SV925 14KGF
素材：淡水パール
重さ：約5g
口径：約3.5mm

7

「作品情報」の「ハッシュタグ」に、
商品のハッシュタグを登録します。

例：
イヤーカフ

8

「販売設定」で、「販売する」を選択
します。

9

「販売価格」に、商品の販売価格を登
録します。

例：
4980

10

「在庫数と単位」に、商品の在庫数と
単位を登録します。

例：
10個

minne で売る！売れる商品ページを作る方法

11

「サイズ」に、商品のサイズを登録します。

例：
直径 3 cm

12

「購入時の注意点」に、購入時の注意点を登録します。

例文：
ご注文前に必ずご確認をお願い致します。

＜商品について＞
・金属アレルギー対応の商品ではありません。
・商品には個体差があります。
・強度を増すために、一部接着剤のはみ出しがある場合があります。
・デリケートな素材を使用しているため、ぶつけたり、落としたり、
　無理な力を与えると変形、破損の原因になりますので
　優しくお取り扱いください。
・デバイスの環境により、写真と実際の商品のお色が異なる場合があります。

＜修理について＞
お買い上げから1ヶ月以内の修理は、自損以外の理由に限り
無償で行わせていただきます。保証期間を過ぎた場合は
有償となりますので、ご了承ください。

＜その他＞
耳の形によって画像と見え方が異なる場合がございます。

その他ご不明点、ご質問等ございましたら
お気軽にメッセージをお送りください。

13

「発送までの目安」に、商品発送までの目安となる日数を登録します。

例:
5

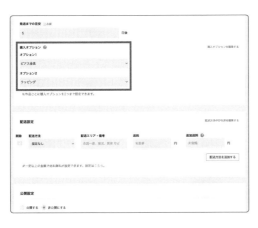

14

「購入オプション」で、購入オプションを選択します。購入オプションは、P.152の方法であらかじめ作成しておきます。購入オプションが多くなった場合は、追加金額があるものを優先的に登録します。選択できない購入オプションについては、「購入時の注意点」に記載するようにします。

例:
オプション1→ピアス金具
オプション2→ラッピング

15

「配送設定」の「配送方法」で、商品の配送方法や配送エリア、送料を設定します。配送方法は、P.154の方法であらかじめ登録しておくこともできます。

例:
配送方法→クリックポスト
配送エリア・備考→全国一律
送料→185
追加送料→0

16

「公開設定」で「公開する」を選択す
ると、商品ページが公開されます。
「この内容で登録・更新する」をク
リックします。

商品の登録が終わったら、いよいよネットショップを開店できます。ステータスを
「販売する」に変更することで、ネットショップが開店します。

自分のショップは、「ショップを見る」ボタンから確認できます。

おすすめの商品点数

商品は、1つのキーワードにつき最低20個登録するようにしてください。20個は、毎月5万円程度の売上を目指す場合の最低個数になります。もし毎月30万円の売上を目指すなら、同じキーワードで50個以上登録するようにします。毎月100万円の売上を目指すなら、同じキーワードで100個以上登録します。狙ったキーワードで検索された場合、登録している商品が多ければ多いほど、面を取ることができるようになります。

例えば「イヤーカフ」と検索された場合、1ページ目にあなたが出品している複数のイヤーカフ商品が表示され、いずれかの商品を購入してもらえれば、あなたのお店の売上になります。売上を最大化するためには、検索上位に複数の商品を表示させて、面を取れるようにすることが不可欠なのです。

売り切れ商品の対応

商品が売り切れた場合は、速やかに非表示にしてください。ネットショップでは、基本的に売り切れ商品を出さない方が検索結果として優位になります。なぜなら、お客さまが商品を買うつもりでネットショップを訪れて、売り切れ商品ばかりが陳列されていたら、買い物ができず、すぐにショップを出ていってしまいます。その結果、お客さまのネットショップ滞在時間が短くなってしまいます。

滞在時間が短くなることは、SEO対策（P.168参照）の観点からは不利になります。そのため、売り切れ商品をあまり出さないよう、在庫の補充ができる商品をネットショップで販売するようにしましょう。

11 「購入オプション」を設定する

● オプションは追加料金のかかるものを優先に

「設定」>「販売者情報」の「購入オプション一覧」>「新規登録」から、購入オプションの設定を行うことができます。購入オプションは、ギフト包装やカラーバリエーションなど、商品を購入する際にオプションとして選択できる項目のことです。お客さまが買い物をするときについ比較し、悩んでしまう内容を設定し、購買につなげましょう。なお、minneでは1つの商品につき2つまでしか購入オプションを設定できません。そのため、有料のオプションから優先的に作成するようにしてください。

1

「購入オプション名」に、「ラッピング」と入力します。購入オプション名は、お客さまがオプションを選択するときに表示される名前になります。

2

「項目」に、1つ目のオプションとして「通常包装」と入力します。「項目」は、手順1の「購入オプション名」に付随する選択肢となります。この場合、「ラッピング」の選択肢として、「通常包装」が設定されます。

3

「追加料金」に、「0」円と入力します。

4

「項目を追加する」をクリックします。

5

「項目」に、2つ目のオプションとして「ギフト包装」と入力します。「追加料金」に、「350」円と入力します。これで、「ラッピング」の選択肢として「ギフト包装」が設定されます。項目の数だけ、手順4〜5を繰り返します。設定が完了したら、「登録する」をクリックします。

6

購入オプションが登録されました。オプションを追加したい場合は、「新規登録」をクリックします。

minne で売る！売れる商品ページを作る方法

「配送方法」を設定する

● 配送方法と配送料金を登録する

「設定」>「販売者情報」の「配送方法一覧」>「新規登録」から、「配送方法」の設定を行うことができます。商品のサイズごとに、配送方法と配送料金を登録していきます。

1

「ひな形の名前」に、「イヤーカフ用配送方法」と入力します。

2

「配送方法」から、「クリックポスト」を選択します。

<u>**3**</u>

「配送エリア・備考」から、「全国一律」を選択します。

<u>**4**</u>

「送料」に、「185」と入力します。

<u>**5**</u>

他の配送方法も登録する場合は、「配送方法を追加する」をクリックし、手順1〜4を繰り返します。配送方法の入力が完了したら、「登録する」をクリックします。

<u>**6**</u>

配送方法が登録されました。配送方法を追加したい場合は、「編集」をクリックします。

minneで売る！売れる商品ページを作る方法

トラブル時の送料は誰が負担するのか？

　ネットショップを運営していると、少なからず配送トラブルになる場合があります。お届けした商品が破損していたり、届かなかったり、戻ってきてしまったりと、いろいろなトラブルが起こります。その際に問題になるのは、誰が送料を負担するのかという点です。その場合、下記の例を参考に、対応を検討してみてください。

> ・**商品到着時に破損していた**
> 　　→ 再送にかかる送料は運送会社負担
>
> ・**商品が届かない**
> 　　→ 再送にかかる送料は運送会社負担
>
> ・**お客さまが届け先住所を間違えて記入した**
> 　　→ 再送にかかる送料はお客さま負担
>
> ・**あなたがお届け先住所を間違えて記入した**
> 　　→ 再送にかかる送料はあなた負担
>
> ・**お客さまが商品を破損した（保証期間外）**
> 　　→ 返送と再送にかかる送料はお客さま負担

　また、お客さまに届くまでに商品が破損していた場合、補償がある形態のサービス（ヤマト運輸の宅急便・日本郵便のゆうパックなど）を利用していた場合、商品の代金は全額返金してくれます。

　一方、補償がない形態のサービスを利用していた場合、商品の代金は補償してくれません。送料を抑えたい気持ちはわかりますが、高価な商品を発送する場合は、補償がある形態のサービスを利用することも検討してみてください。

6

売上目標を達成する！
ネットショップ運営
の方法

運営の基本は数字を見ること

● 売上の公式を理解する

　ここまで、商品写真の撮り方や画像の制作方法を学び、商品ページを作成してきました。ここまで読んできたあなたは、すでに商品ページが公開され、ネットショップが開店していると思います。しかし、これで一安心、というわけにはいきません。ネットショップは、開店してからが本当の勝負です。この章では、ネットショップを開店してから行うべきネットショップ運営の方法について解説していきます。

　ネットショップの運営で特に重要なのが、売上の把握です。ネットショップで安定的に売上を上げていくためには、「売上の公式」を理解する必要があります。この公式さえ理解していれば、売上が上がった場合の理由も、売上が下がった場合の理由も明確になります。理由が明確であれば、売上が下がった場合に改善することができますし、売上が上がった場合は売上を維持することができます。売上は、次のような公式で成り立っています。

$$アクセス数 \quad × \quad 転換率 \quad × \quad 客単価 \quad = \quad 売上$$

　この公式に当てはまる数字を入れることで、売上の公式が完成します。「アクセス数」は、ネットショップを訪問してくれた人の数です。

　「転換率」は、サイト訪問者のうち、商品を購入してくれた人数の割合です。「転換率」は、例えば100人の人がネットショップを訪問し、そのうちの1人が商品を購入してくれた場合、

$$1 \quad ÷ \quad 100 \quad = \quad 0.01$$

つまり

$$1\%$$

と計算します。

「客単価」は、購入してくれた人の平均購入金額です。「客単価」は、例えば3人のお客さまがそれぞれ1,000円、500円、600円の商品を購入した場合、

$$(\ 1{,}000\ +\ 500\ +\ 600\ )\ \div\ 3\ =\ 700円$$

と計算します。

これら3つの数字を掛け算したものが、売上になります。

例えば翌月の売上目標を決めるために公式を利用する場合、仮に来月50,000円売りたいのだとすると、

> 売上50,000円 =
> アクセス数（X） × 転換率（先月の数字） × 客単価（先月の数字）

という計算式が成り立ちます。そして、先月の転換率が0.01、客単価が5,000円だったとすると、

売上 50,000 円 =
アクセス数（X）× 転換率（0.01）× 客単価（5,000）
X = 50,000 ÷ 0.01 ÷ 5,000
X = 1,000

となり、翌月の売上目標50,000円を達成するためには、アクセス数として1,000人必要ということがわかります。

　このように具体的な数字を算出することで、明確な売上目標を設定することができます。公式は掛け算なので、3つの数字のうちどれか1つでも数字が0になってしまうと、売上は0になります。1つ1つの数字を0.1でも多くしていく努力を毎日行うことで、月の売上目標を達成することができます。これらの数字は、それぞれのネットショップの管理画面に掲載されています。詳しい見方は次ページから解説していきます。

column　数字を記録するためのアクションシートの作成

ネットショップが完成したら、お客さまが来店して、ネットショップで購入してくれるよう数字を見ていく必要があります。毎日の数字を確認していくには、アクションシートを作成するのがおすすめです。アクションシートは、GoogleのスプレッドシートやExcelなどで作成します。シートには、これらの項目を入力します。

・今月のアクセス人数、転換率、客単価、売上
・翌月の目標アクセス人数、目標転換率、目標客単価、目標売上
・翌月のアクセス施策（実行予定日）、転換施策（実行予定日）、
　客単価施策（実行予定日）
・今月の振り返り

こうやって月末に、今月の売上を振り返り、そして翌月の目標売上を達成するための、アクセス人数、転換率、客単価3つの数字の差分を算出します。その差分を埋めるための具体的な施策を打ち出し、効果のあった方法だけ翌月も実施するというように、施策の精度を上げていくことができます。これを繰り返すと、どの時期に何をすればよいのかが明確になり、ネットショップ運営を効率化できるようになります。

アクセス数を算出する

　それでは、あなたのネットショップの計算式を作成していきましょう。まずは、アクセス数の算出です。minneでアクセス数を調べる場合は、左側のメニューで「アクセス解析」をクリックします。なお、minneでは過去7日目までしかさかのぼれないので、数字を見落とさないように注意しましょう。

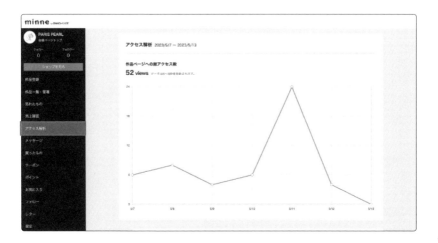

　Creemaでは、「登録作品一覧」で表示される目のマークの横の数字を数えてアクセス数を調べます。数字は、ショップを開店してからの累積数になります。日別、週別、月別に数字を確認したい場合は、日頃から数字の確認をして、Excelシートなどにまとめておく必要があります。

BASEでは、「データ」＞「Web集客」＞「Webショップ閲覧数（PV）」と、「データ」＞「Pay IDアプリ」＞「アプリショップ閲覧数（SV）」からアクセス数を調べます。「Webショップ閲覧数（PV）」は、ネット上でショップが見られた回数です。「アプリショップ閲覧数（SV）」は、Pay IDアプリからショップが見られた回数です。PVとSVを足した合計数を、BASEでのアクセス数として計算します。

　Yahoo!ショッピングでは、「販売管理」＞「ページビュー」からアクセス数を調べます。

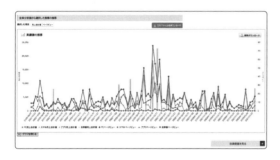

　Googleアナリティクスでは、「行動」＞「サイトコンテンツ」＞「すべてのページ」からアクセス数を調べます。

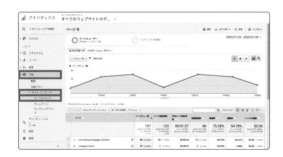

● 転換率は買ってくれた人の割合

次に、あなたのネットショップの転換率を算出しましょう。minneでは、「注文件数÷総アクセス数（PV）」から転換率を算出します。「注文件数」は、左側のメニューから「売れたもの」をクリックして表示することができます。

Creemaの場合、期間でアクセス数を絞り込むことができません。そのため、P.161で記録したアクセス数で注文件数を割ります。

BASEでは、「WEBショップ閲覧数（PV）÷注文数」で転換率を算出します。「Webショップ閲覧数（PV）」は、「データ」ページの「Web集客」内にあります。「注文数」は、「データ」ページの「売上」内にあります。

Yahoo!ショッピングでは、「販売管理」>「平均購買率」を表示して転換率を調べます。

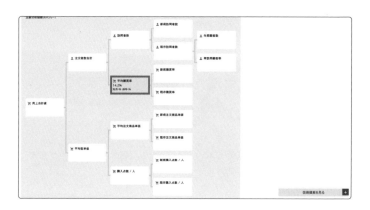

● 客単価は購入商品の平均単価

　最後に、あなたのネットショップの客単価を算出しましょう。minneでは、「販売金額÷販売数」から客単価を算出します。「販売金額」は左側のメニューの「売上確認」から、「販売数」は「売れたもの」の「注文作品数」から確認できます。

Creemaでは、「販売金額÷販売数」から客単価を算出します。「販売金額」「販売数」
ともに、「マイページトップ」>「取引履歴」から確認できます。

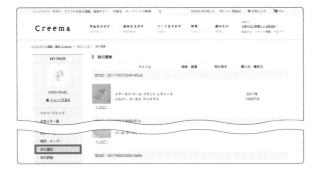

BASEでは、「平均注文単価」を表示して客単価を調べます。「平均注文単価」は、
「データ」ページの「売上」内にあります。

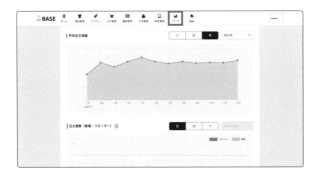

Yahoo!ショッピングでは、「販売管理」>「平均注文商品単価」を表示して客単価を調
べます。

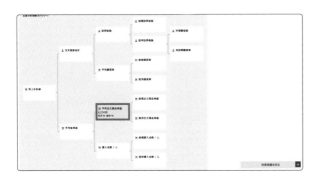

売上目標を達成する！ネットショップ運営の方法

● どれか1つでも0があったら売上は「0」

　ここまでに解説してきた方法で、現状のあなたのネットショップの数字を算出してください。その結果、例えば次のような数字を摘出できたとします。

> - ●アクセス数 ：100人
> - ●転換率　　 ：1%
> - ●客単価　　 ：3,000円
> - ●売上　　　 ：3,000円

　その上で、今月の目標売上を5万円に設定したとします。売上を上げようとする場合、転換率や客単価を急激に上げることは難しいです。まずはネットショップに訪問する人数を増やすようにします。そこでアクセス数を「X」に設定して、転換率と客単価は現状の数字をそのまま入力してください。

> 50,000　＝　X　×　0.01　×　3,000
> X　＝　50,000　÷　0.01　÷　3,000
> X　＝　1,667

　計算の結果、アクセス数は1,667人になりました。つまり、1,667人のアクセスがあれば、売上目標5万円を実現できる可能性があるということになります。

また、ネットショップを始めたばかりで現状の売上が０円であるとします。その場合、次のような数字が抽出されます。

● **アクセス数：100人**
● **転換率　　：0%**
● **客単価　　：0円**
● **売上　　　：0円**

この場合も、目標売上を５万円と設定した場合に必要になる「アクセス数」を求めることができます。アクセス数を「X」に設定して、転換率はハンドメイド商品の平均値である「0.01」、客単価は理想的な客単価である「5,000」として計算式を作ります。

$$50{,}000 \quad = \quad X \quad \times \quad 0.01 \quad \times \quad 5{,}000$$
$$X \quad = \quad 50{,}000 \quad \div \quad 0.01 \quad \div \quad 5{,}000$$
$$X \quad = \quad 1{,}000$$

すると、アクセス数が1,000人となります。これらの３つ指標「アクセス数」「転換率」「客単価」を少しでも伸ばすことが、売上へと直結します。次の項目では、この３指標の数字の伸ばし方についてお伝えします。

02 アクセス数の基本は 検索キーワード

● アクセスの基本はSEO対策から

　3つの指標「アクセス数」「転換率」「客単価」のうち、最初に「アクセス数」を伸ばす方法をお伝えします。アクセス数は、広告を出すことで増やすことは可能です。しかし、ネットショップを開店したばかりの段階で、広告を出す余裕はないでしょう。お金をかけずにアクセス数を伸ばす方法として重要なのが、「SEO対策」です。ネットショップでは、Googleなどの検索サイトで検索されることによって、ネットショップのあなたの商品ページをお客さまに見つけてもらえます。その際、あなたの商品が検索結果の3ページ目までに表示されなければ、お客さまに見つけてもらうことはできません。そして、検索結果の3ページ目までに上位表示されるために必要になるのが「SEO対策」（検索エンジン最適化）です。

　検索サイトの検索結果は、「クローラー」によって決められています。ネットショップの商品登録が完了すると、この「クローラー」が商品ページを巡回しにやってきます。商品登録してから巡回まで、およそ1～2ヶ月程度かかります。巡回しに来たクローラーは、商品ページの中身を確認し、データベースにページを登録します。その際、商品登録したページのキーワードが「イヤーカフ」だとすると、「イヤーカフ」というキーワードによってデータベースに登録されます。その結果、Googleで「イヤーカフ」というキーワードで検索された際に、検索結果としてあなたの商品ページが表示されることになります。逆に言えば、正しい検索キーワードでデータベースに登録されなければ、せっかく作ったあなたの商品ページは検索結果に表示されないということになります。そのような失敗をしないために、ネットショップで販売する商品に適切なキーワードを設定する、「SEO対策」が必要になるのです。

● 商品ページに検索キーワードを散りばめる

　クローラーに円滑にデータベース登録してもらうためには、検索してもらいたいキーワードを商品名に必ず入れるようにします。クローラーは画像の内容までは読み取れないため、商品ページの内容を文字で表現する必要があります。商品ページでは、「商品名」と「商品説明文」の2ヶ所に文字を入力することができます。

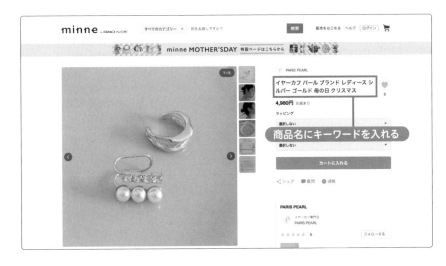

商品名にキーワードを入れる

　検索キーワードを入れた商品名を作るには、ビッグワード、サジェストワード、トレンドワードの3種類のワードを用意します。最初に、P.36のGoogleトレンドで計測した1～3億円市場のカテゴリー名を「ビッグワード」に当てはめます。次に、P.44のラッコキーワードで検索した「サジェストワード」を、「ビッグワード」のあとに入れます。「サジェストワード」は、商品名の文字数制限になるまで複数入れて大丈夫です。例えば、ビッグワードを「イヤーカフ」とした場合、以下のような方法でサジェストワードを決定します。

1

ラッコキーワードで、「イヤーカフ」を検索します。検索する際は、Googleサジェスト（Googleショッピング）を選択します。

2

表示されたキーワード候補の中から、「イヤーカフ　パール」「イヤーカフ　ブランド　レディース」「イヤーカフ シルバー」といったサジェストワードを抽出します。

3

商品名の1番最初に、ビッグワード「イヤーカフ」を入力し、続けてサジェストワードを文字数の上限に達するまで入力します。キーワードとキーワードの間は、半角スペースを入力します。

例文：イヤーカフ パール ブランド レディース シルバー ゴールド

　一方の商品説明文には、クローラーに説明内容を理解してもらえるように「ビッグワード」と「サジェストワード」を何度も盛り込んだ文章を書きます。「この」「その」「あの」といった代名詞を使うことを極力控え、意図通りのキーワードでデータベースに登録してもらえるような文章を作りましょう。

金属アレルギーでも安心！フォーマルで使える！
上質な淡水パールが会場の視線を釘付け！

最近では、ピアスの人もイヤリングの人も
イヤーカフをする人が増えたのをご存知でしょうか？
しかしイヤーカフは、そのシンプルさゆえに、安く見られがちで、
なかなかフォーマルな場に合ったものが見つかりにくいです。

そんな中、選び抜いた上質パールの存在感が著しい
イヤーカフを作ることに成功しました！

付け心地や金属パーツ部分にこだわったため
ピアスやイヤリングに負けない存在感を放っています。

最新の流行のトレンドもしっかりデザインに落とし込んでいるので

イヤーカフ＝古臭いという心配はありません。

最近では、ウェディングドレスに合わせていただいたりと
そんな声をたくさんいただいています。

【イヤーカフは誰でもつけられる】
イヤーカフは耳にひっかけて使用するため
ピアスをご愛用に方にもイヤリングをご愛用の方にも
どちらにも使用することができます。

【つけている感じが全くないほど軽い】
ピアスのフックやイヤリングの金具がないので
とても軽く、つけているのを感じさせないぐらい軽い仕上がりです。

【SV925・14KGF製イヤーカフはアレルギーフリー】
パリスパールのイヤーカフは、SV925・14KGF素材が主力です。
耳に触れる部分には一切金属アレルギーを引き起こす
チタン素材を使っていないので
金属アレルギーを気にせず、ご使用いただけます。

【商品情報】
金属：SV925 14KGF
素材：淡水パール
重さ：約5g
口径：約3.5mm

今回特別オファーとして
4980円以上のご購入者さまに限り「送料無料」とさせていただきます。
大切な日の耳周りや、大切な方へのプレゼントにいかがでしょうか？

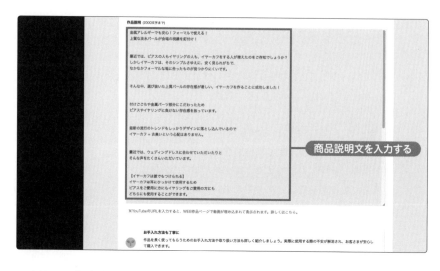

商品ページに掲載する商品説明文は、3つの要素から構成されます。

1.キャッチコピー
導入文、興味喚起となる部分

2.ボディコピー
画像では伝わらない詳細やストーリー

3.クロージングコピー
締め部分、購入を後押しする

そして、この3つの要素を次の5つに分解して考えます。

1.ターゲット
2.商品の特徴
3.ベネフィット
4.ストーリー
5.不安解消

1. ターゲット

例えば「14KGF製パールのイヤーカフ」は誰がほしいのかを考えます。

- ・ピアスの穴が空いていない人
- ・痛くてイヤリングをつけられない人
- ・彼女/彼氏へのプレゼントを贈りたい人
- ・冠婚葬祭でのアクセサリーがほしい人
- ・イヤーカフは可愛いものが少ないと思っている人
- ・金属アレルギーがある人

上記をもとにさらに絞り込むと、次のようになります。

> ピアスの穴が空いていない、金属アレルギーで
> イヤリングも重くて長時間つけていられないけど
> 冠婚葬祭でもつけられるようなイヤーカフがあればほしい人

2. 商品の特徴

この人に向けて、自分の商品の魅力を伝えていくポイントを書き出すと、次のようになります。

- ・つけていることを忘れてしまうほど自然なつけ心地
- ・選び抜かれた上質の淡水パール
- ・フォーマルにも合わせられる
- ・存在感のあるイヤーカフ
- ・アレルギーフリー

3. ベネフィット

このポイントをもとにキャッチコピーを考えると、次のようになります。これがお客さまに向けて提供できるベネフィットになります。

> 金属アレルギーでも安心！フォーマルで使える！
> 上質な淡水パールが会場の視線を釘付け！

4.ストーリー

キャッチコピーのあとは、ボディコピーを考えます。ボディコピーは、ストーリーとも言います。

最近では、ピアスの人もイヤリングの人も
イヤーカフをする人が増えたのをご存知でしょうか？
しかしイヤーカフは、そのシンプルさゆえに、安く見られがちで
なかなかフォーマルな場に合ったものが見つかりにくいです。

そんな中、選び抜いた上質なパールの存在感が著しい、
イヤーカフを作ることに成功しました！

着け心地や金属パーツ部分にこだわったため
ピアスやイヤリングに負けない存在感を放っています。

最新の流行のトレンドもしっかりデザインに落とし込んでいるので
イヤーカフ＝古臭いという心配はありません。

最近では、ウェディングドレスに合わせていただいたりと
そんな声をたくさんいただいています。

ボディコピーのあとは、2.の商品の特徴を端的にまとめます。

【イヤーカフは誰でもつけられる】
イヤーカフは耳にひっかけて使用するため
ピアスをご愛用に方にもイヤリングをご愛用の方にも
どちらにも使用することができます。

【つけている感じがまったくないほど軽い】
ピアスのフックやイヤリングの金具がないので
とても軽く、つけているのを感じさせないぐらい軽い仕上がりです。

【SV925・14KGF製イヤーカフはアレルギーフリー】
パリスパールのイヤーカフは、SV925・14KGF素材が主力です。
耳に触れる部分には一切金属アレルギーを引き起こす
チタン素材を使っていないので
金属アレルギーを気にせず、ご使用いただけます。

【商品情報】
金属：SV925 14KGF
素材：淡水パール
重さ：約5g
口径：約3.5mm

5.不安解消

最後に、クロージングコピーを書きます。ここで不安解消を行います。

今回特別オファーとして
4980円以上のご購入者さまに限り「送料無料」とさせていただきます。
大切な日の耳周りや、大切な方へのプレゼントにいかがでしょうか？

ここまででできあがったパーツを1つにまとめると、以下のようになります。

金属アレルギーでも安心！フォーマルで使える！
上質な淡水パールが会場の視線を釘付け！

最近では、ピアスの人もイヤリングの人も
イヤーカフをする人が増えたのをご存知でしょうか？
しかしイヤーカフは、そのシンプルさゆえに、安く見られがちで、
なかなかフォーマルな場に合ったものが見つかりにくいです。

そんな中、選び抜いた上質パールの存在感が著しい
イヤーカフを作ることに成功しました！

付けごこちや金属パーツ部分にこだわったため
ピアスやイヤリングに負けない存在感を放っています。

最新の流行のトレンドもしっかりデザインに落とし込んでいるので
イヤーカフ＝古臭いという心配はありません。

最近では、ウェディングドレスに合わせていただいたりと
そんな声をたくさんいただいています。

【イヤーカフは誰でもつけられる】
イヤーカフは耳にひっかけて使用するため
ピアスをご愛用に方にもイヤリングをご愛用の方にも
どちらにも使用することができます。

【つけている感じがまったくないほど軽い】
ピアスのフックやイヤリングの金具がないので
とても軽く、つけているのを感じさせないぐらい軽い仕上がりです。

【SV925・14KGF製イヤーカフはアレルギーフリー】
パリスパールのイヤーカフは、SV925・14KGF素材が主力です。
耳に触れる部分には一切金属アレルギーを引き起こす
チタン素材を使っていないので
金属アレルギーを気にせず、ご使用いただけます。

【商品情報】
金属：SV925 14KGF
素材：淡水パール
重さ：約5g
口径：約3.5mm

今回特別オファーとして
4980円以上のご購入者さまに限り「送料無料」とさせていただきます。
大切な日の耳周りや、大切な方へのプレゼントにいかがでしょうか？

季節需要に合わせてトレンドワードを入れる

　最後に「トレンドワード」を用意します。「トレンドワード」は、季節や流行に合わせて検索する人が増えるキーワードです。時期によって重要度が変化するため、定期的に更新を行う必要があります。代表的なトレンドワードに「福袋」「成人式」「バレンタイン」「ホワイトデー」「入学」「卒業」「母の日」「父の日」「お中元」「ハロウィン」「七五三」「クリスマス」などがあります。こうしたトレンドワードから1つを選び、サジェストワードのうしろに配置します。

> 例文：イヤーカフ パール ブランド レディース シルバー ゴールド クリスマス

売上目標を達成する！ネットショップ運営の方法

　例えばGoogleトレンドで「クリスマス」というキーワードを入力すると、10月11日頃から急速に山が盛り上がっていることがわかります。このグラフから、クリスマスのプレゼントや予定を気にする人が、10月頃から増えてくることが読み取れます。

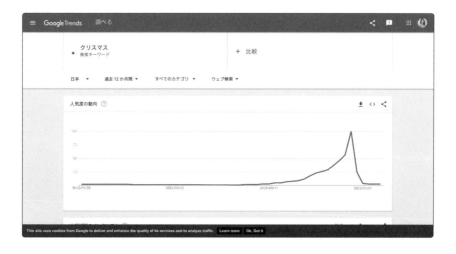

　クリスマス用の商品ページを作成するとして、クローラーによるデータベースへの登録が10月までに完了していなければ、検索結果には表示されません。そこから逆算すると、10月の2ヶ月前の8月には、クリスマスプレゼントの対象になる商品ページを完成させていなければならないということになります。検索ボリュームが高まるところから逆算して、商品名にトレンドワードを入力する時期を決めていきましょう。

column SEO対策の3要素

　SEO対策では、キーワードの他に「コンテンツのボリューム」「コンテンツの質」「掲載期間」に対する評価が、検索結果での上位表示に大きく影響します。
　ネットショップにおいて、「コンテンツのボリューム」は商品写真の登録枚数です。また「コンテンツの質」は、商品ページの内容です。クローラーは、商品ページを訪問したお客さまの滞在時間によってそのページを評価します。滞在時間が長ければ有益な情報が掲載されていると判断され、上位表示に有利になります。一方、滞在時間が短ければ、有益な情報ではないと判断され、上位表示に不利になります。商品写真の登録枚数が多かったり、商品ページの質が高かったりすると、自ずとお客さまの滞在時間は長くなり、上位表示に有利になります。
　また「掲載期間」は、商品ページが掲載された期間です。クローラーは、「掲載期間」が長いページを信頼できる情報だと判断します。10年前に作られた商品ページと半年前に作った商品ページとでは、10年前に作られた商品ページの方が上位表示されます。
　この3項目によってクローラーから高評価を得るためにも、商品写真は上限枚数まで登録すること、質の高いコンテンツを作成すること、コツコツと長期に渡って運営を続けることが必要になります。

● 「送料無料」は魔法の言葉

　SEO対策以外のアクセス数を増やす方法として効果的なものに、「送料無料アイコンの設置」や「特集企画への掲載」があります。「送料無料アイコンの設置」は、ファースト画像に「送料無料」というアイコンを設置したり、管理画面の送料設定を無料にしたりすることで、「送料無料」を赤文字で表示する方法です。ネットショップでは、送料が有料であることを理由に購入を断念するお客さまが全体の55%もいると言われています。P.50の経費の計算をしっかり行い、お客さまに「送料無料」で商品を提供できるようにしましょう。

▲シルバーアクセサリーショップ
FUMIKO JEWELRY WORKS
https://fumikojw.handcrafted.jp/

▲ヘアアクセサリー ショップ pumehana（プメハナ）
https://www.creema.jp/c/pumehana-flower/item/
onsale

　「特集企画への掲載」は、minne、Creemaなどで定期的に行われる特集企画に掲載されることです。特集企画に掲載されれば、トップページの目立つバナーから特設ページを経由して、あなたの商品ページへの流入が見込めます。そうなれば、たくさんのお客さまがあなたの商品ページを見に来てくれて、アクセス数も飛躍的に伸びるはずです。特集企画へは、商品ページに所定のハッシュタグやキーワードを盛り込むことでエントリーできます。特集企画に参加できるかどうかは選考次第になりますが、特集企画のお知らせを事前に確認して、こまめにエントリーしましょう。

売上目標を達成する！ネットショップ運営の方法

▲ minne の特集企画ページ

▲ Creema の特集企画ページ

　また、Yahoo!ショッピングや楽天市場、Amazonなどでは、定期的に独自イベント
が開催されます。開催されるイベントに参加することで、こちらもあなたの商品ペー
ジへの流入が見込めます。無料で参加できる企画もあれば、有料の広告を購入するも
のもあります。どちらもアクセス数を飛躍的に伸ばす機会になるため、精力的に参加
するようにしましょう。

　さらに、インスタグラムに代表されるSNSの活用も、アクセス数を増やすための有
効な施策になります。インスタグラムからの集客に関しては、第7章で詳しくお伝えし
ます。

　ネットショップを運営する上で、アクセス数は売上に直結する大切な数字です。お
客さまが来店しないネットショップで売上を上げることは不可能です。アクセス数を
増やさない限り、売上が増えることはありません。アクセス数を最大化するための施
策は、すべて実行するようにしましょう。

03

転換率は商品ページの
良し悪しで決まる

● 転換率は「コンマ1」のしのぎ合い

　次に、3つの指標「アクセス数」「転換率」「客単価」の2つ目、「転換率」の伸ばし方について解説します。転換率を伸ばすには、「商品ページ作成」「クーポン発券」「レビュー促進」といった方法があります。転換率が与える影響は非常に大きく、0.01（1%）上がるだけで、アクセスを集める作業を大きく軽減することができます。

　例えばP.166で、

> ● アクセス数　：100人
> ● 転換率　　　：1%
> ● 客単価　　　：3,000円
> ● 売上　　　　：3,000円

という例を紹介しました。

　今月の目標売上を5万円と設定した場合、転換率が「0.01」（1%）では、お店に1,667人を集めないと目標の5万円を達成することができません。

> $$50{,}000 = X \times 0.01 \times 3{,}000$$
> $$X = 50{,}000 \div 0.01 \div 3{,}000$$
> $$X = 1{,}667$$

しかし転換率が「0.02」（2%）になると、お店に833人集めれば目標の5万円を達成することができます。転換率が2倍になれば、アクセス数は1/2ですむのです。

$$50,000 \;=\; X \;\times\; 0.02 \;\times\; 3,000$$
$$X \;=\; 50,000 \;\div\; 0.02 \;\div\; 3,000$$
$$X \;=\; 833$$

　アクセス数を増やすのは、非常に骨の折れる作業です。せっかくネットショップへ来店してくれたお客さまの多くが商品を買ってくれるよう、万全の準備を行いましょう。転換率を伸ばす施策のうち、「商品ページ作成」は第5章でお伝えしたので、ここでは「クーポン発券」「レビュー促進」について解説します。

● クーポン発券で潜在顧客にアピール

　「クーポン発券」は、Creema、BASE、Yahoo! ショッピング、楽天市場で発券することができます（minneでは発券できません）。お客さまが商品を購入するには、商品を買う理由が必要です。お店が「割引クーポン」を発券することで、「今買わなければいけない理由」を提供することができ、いつか買おうと思っていたお客さまが購入する可能性が高まります。

　また、第2章で「松」「竹」「梅」商品の価格設定についてお伝えしましたが、松竹梅の商品それぞれに割引率の異なるクーポンを発券することが可能です。経費とネットショップの販売手数料を差し引いた利益率が6割以上ある松の商品なら最大20%OFF、利益率が4〜5割の竹商品なら5%OFFなど、利益率に応じてクーポンの割引率を設定します。お試し商品であり、すでにお得な価格になっている梅商品には、割引クーポンを発券する必要はありません。

Creemaでクーポンを発券する場合、「クーポン一覧・作成」>「クーポンを作成」を選択します。

1人のお客さまにつき、クーポンを利用できる回数は「1回のみ」に設定しましょう。

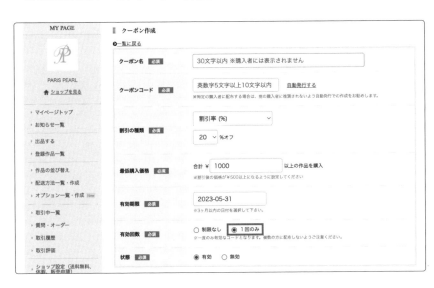

売上目標を達成する！ネットショップ運営の方法

● レビューは最強の接客ツール

　続いて2つ目の施策、「レビュー促進」です。ネットショップは、お客さまからの評価をレビューという形で掲載できるしくみになっています。商品の購入を検討しているお客さまは、よいレビューが並んでいれば購入を決め、悪いレビューが並んでいれば購入をやめます。レビューの内容が売上に影響を与えるため、ネットショップ運営者はよいレビューをもらえるように努力を重ねる必要があります。

　開店したばかりのネットショップには、レビューがありません。レビューがないお店は、第三者評価がないので信用も0です。ネットショップを開店したことを知人・友人に知らせて、商品を購入してもらった際には、レビュー投稿をお願いしましょう。そのあとは、商品を買ってくれたお客さまにレビューのお願いをしましょう。

　レビューのお願いは、ネットショップのメッセージ機能を使って行います。商品の発送から7日後に「商品は届いていますか？」という件名、件名欄がなければ本文の出だしにします。いきなり「レビューを書いてください！」では、お客さまもよい気持ちがしないので、必ず商品の到着確認からメッセージを始めましょう。

　レビューを依頼する際は、率直に「高評価のレビューをいただけると嬉しい」旨を伝えます。以下に例文を載せておきますので、あなたのお店の内容にアレンジしてご利用ください。

例文：
件名：【パリスパール】商品は届いておりますでしょうか。

○○様こちらのメールは

【パリスパール】の商品を
ご注文いただきましたお客様へ
お送りさせていただいております。

発送させていただきました商品は
問題なくお受け取り出来ましたでしょうか？

何か不良等がございましたら
すぐに対応をさせていただきますので
お気軽にご連絡下さい。

当店は、お客様にご満足いただけるよう
満足度向上に努めております。

お気づきの点がございましたら、
本メールにご返信下さい。

最後になりますが、商品にご満足いただけましたら、
お使い心地について是非ご投稿ください。

○○ログイン後、
以下のURLよりレビューが記載出来ます。

https://○○○/review.co.jp

ネットショップでは現在、
レビューの評価がショップ運営を左右するほど
とても大事になっております。

どんな些細な事でも
お気づきの点がございましたら、
記載していただければ
店舗の改善・運営の励みになります。

すべての★を5をつけていただけるのが
何よりの喜びを感じております。

お手間かと思いますが、
是非、レビューのご記載をいただければ幸いです。

この度は、ご注文ありがとうございました！

売上目標を達成する！ネットショップ運営の方法

またのご利用いただける様お待ちしております。

【イヤーカフ専門店 パリスパール】
店長 山口実加

　「レビュー促進」では、レビューを書いてくれたお客さま限定のプレゼントを用意すると、レビューを書いてくれる可能性が高まります。プレゼントは、普通郵便（費用84円）で送れる程度のもので十分です。フラワーアーティストなら押し花のしおりを制作するなど、普段仕入れている材料で作れるようなプレゼントを考えてみてください。レビュー促進をさらにもう一押しするのであれば、商品発送時に同梱するチラシに、レビューを投稿するとプレゼントがもらえる旨を告知します。

　ただし、レビュープレゼントは景品法に注意してください。レビュー特典のプレゼントは景品法の総付（そうづけ）景品に該当し、販売価格が1,000円以上のものには販売価格の上限20％までとされているので、注意してください。例えば販売価格が1,000円未満のものには、上限200円までの景品を用意します。

04 客単価アップには「オプション追加」と「カスタマイズ」

● お客さまに選んでもらい客単価アップ

3つの指標「アクセス数」「転換率」「客単価」の3つ目、「客単価」を伸ばすには、「オプション追加」「カスタマイズオプション」「送料無料ライン設定」の準備を行います。

例えばP.166で、

> ● アクセス数 ：100人
> ● 転換率 ：1%
> ● 客単価 ：3,000円
> ● 売上 ：3,000円

という例を紹介しました。

今月の目標売上を5万円と設定した場合、「客単価3,000円」では、お店に1,667人を集めないと目標の5万円を達成することができません。

$$50{,}000 \ = \ X \ \times \ 0.01 \ \times \ 3{,}000$$
$$X \ = \ 50{,}000 \ \div \ 0.01 \ \div \ 3{,}000$$
$$X \ = \ 1{,}667$$

しかし「客単価8,000円」になれば、お店に625人集めれば、目標の5万円を達成することができます。

$$50,000 = X \times 0.01 \times 8,000$$
$$X = 50,000 \div 0.01 \div 8,000$$
$$X = 625$$

客単価を上げることができれば、集めなければいけないアクセス数を減らすことができます。また、客単価は1度上がると、そのあとは比較的変動しにくい点も魅力的です。ハンドメイド商品を安売りすることなく、少しでも高い値段で販売できるように工夫をしていきましょう。

● 有料オプションで客単価を底上げ

客単価を上げるためには、最初に「オプション追加」を行います。ネットショップの機能を活用して、商品の素材やラッピングなどの種類を選べるようにします。minneでは、P.152の方法でオプションの設定を行うことができます。例えば以下の例では、オプションとして「ピアス金具」「ラッピング」「金属素材」を用意しています。「ラッピング」は、「通常包装」と「ギフト包装」を用意し、「ギフト包装」の方は有料としています。

購入オプション一覧

パーツ変更・ギフトラッピングなど、購入者が選択できるオプションを設定できます。

ピアス金具
交換不要 (0円)　14KGF (500円)　SV925 (500円)　イヤリング (500円)
ラッピング
通常包装 (0円)　ギフト包装 (350円)
金属素材
ブラス (真鍮) (0円)　SV925 (500円)

新規登録

また下記のように、素材のオプションとして「真鍮」「14KGF」「SV925」を用意するのもよいでしょう。

このようにオプションを用意しておくことで、お客さま自らオプションを選ぶことで商品代金が上乗せされ、客単価を上げることができます。

● セミオーダー形式で手間を最小限にする

次に、「カスタマイズオプション」を考えます。カスタマイズは、「セミオーダー」と捉えてください。ネットショップでフルオーダーを受注するのは難しいですが、ある程度メニューを決めておくことで「セミオーダー」を受注することができます。

お客さまの心理として、お店側が「10,000円」として提供していると高いと感じる場合も、自分で選択した結果の合計金額が「10,000円」なら、納得して購入される場合が多いです。それにより、商品価格を大幅に引き上げることもできます。

例えば複数ある中から好きなペンダントトップと精油を選ぶことができるメニューを考えます。選ぶ精油によっては、商品代金が1,000円〜3,000円ほど追加になるように設定できます。

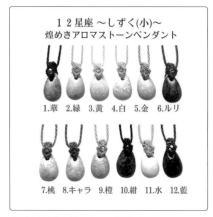

▲マクラメアクセサリーショップ Polaris
https://www.creema.jp/creator/2433233/item/onsale

また、イニシャルや好きなメッセージを刻印できるサービスを導入すれば、商品代金が2,000円追加になるように設定できます。

▲ペアアクセサリー専門店 La siesta Holiday Shop
https://www.rakuten.co.jp/lasiesta-holidayshop/

送料無料にするだけで売上が変わる

お客さまがネットショップで商品をカートに入れたにも関わらず購入されず、そのまま放置された状態または削除された状態のことを「カゴ落ち」と言います。カゴ落ちの理由としては以下のようなものが考えられますが、その中でも最大の理由は、「送料有料」であると言われています。そのため、送料を無料にすることによって、売上を上げることができます。

・送料や手数料が高かった
・購入する際にアカウント作成が必要だった
・決済までの手順が複雑だった
・合計金額を事前に知ることができなかった
・クレジットカード情報を入力したくなかった
・お届け予定日が遅すぎた
・途中でエラーが起きた
・お店の返品ポリシーに不満があった
・希望の決済方法がなかった
・クレジットカード決済が拒否された

とはいえ、利益を度外視して送料を無料にするのではなく、利益を確保しながらも送料を無料にすることができる価格に設定してください。そのためには、「送料無料ライン設定」を行います。送料無料ラインとは、客単価の金額によって送料を無料に設定する方法です。例えば送料無料ラインを5,000円に設定すれば、購入金額が4,500円になっているお客さまが、あと500円分追加してお買い物をしてくれる可能性が高まります。送料無料ラインによって、客単価を自然に引き上げることができます。

6

売上目標を達成する！ネットショップ運営の方法

多店舗出店で売上の横展開ができる

● 多店舗出店で新しいお客さまと出会える

　これまで、「アクセス数」「転換率」「客単価」それぞれの数字を伸ばす方法をお伝えしてきました。さらに安定した売上を目指すのであれば、多店舗出店することをおすすめします。ネットショップでは、他のネットショップにも出店することで、お客さまを増やすことができます。お客さまには、それぞれ愛用しているネットショップがあります。そのため、他のネットショップに出店することで、新しいお客さまに出会うことができるのです。例えば1店舗だけ出店している場合に比べ、2店舗、3店舗と出店することによって売上を拡大することができます。例えばminne「売上20,000円」、Creema「売上25,000円」、BASE「売上5,000円」なら、合わせて50,000円の売上になります。

　また、多店舗出店することでリスクを分散することもできます。何かの事情で1店舗の売上が落ち込んだとしても、他のお店の売上でカバーすることができます。さらに、店舗が増えれば増えるほどお客さまに接する機会が増えるので、認知度拡大にもつながります。

多店舗出店で売上最大化

A店舗	B店舗	C店舗	D店舗
minne	Creema	iichi	Etsy
売上10,000円	売上15,000円	売上20,000円	売上5,000円

総売上50,000円

7

お客さまが途切れない！
インスタグラム活用
の方法

01 インスタグラムは 「無料のオンラインCM」として活用する

● あなたの商品が売れないのは単純に知られていないだけ

　ネットショップでハンドメイド商品の販売を始めると、売れる人と売れない人に分かれます。この2つに二極化する原因は、商品の良し悪しではなく、単純に「認知度が足りているか足りていないか」が理由であることが多いです。売れない人は認知度が不足している可能性があるため、お客さまに商品を知ってもらうための努力をする必要があります。

　商品の認知度拡大には、一般的に広告が利用されます。しかし、起業初期から広告費を捻出するのは難しいです。そのため、広告と同じくらい拡散力があって、しかも無料で利用できるSNS「インスタグラム」を使用します。インスタグラムとネットショップをリンクさせることで、インスタグラムを見たお客さまを直接ネットショップに連れてくることができます。

● インスタグラムアカウントの作り方

　最初に、インスタグラムのアカウントを作成し、「ユーザーネーム」と「プロフィール画像」を設定しましょう。インスタグラムでは、1つの端末につき無料で5つまでのアカウントを作成することができます。

1

インスタグラムにアクセスし、「新しいアカウントを作成」をタップします。

2

携帯電話番号を入力し、「次へ」をタップします。

3

名前を入力し、「次へ」をタップします。

4

パスワードを入力し、「次へ」をタップします。

5

「保存」をタップして、ログイン情報を保存します。

6

生年月日を選択し、「次へ」をタップします。

7

ユーザーネームを作成します。初期状態で入っているユーザーネームを削除して新しいユーザーネームを入力し、「次へ」をタップします。

「ユーザーネーム」に利用できるのは、英数字と記号だけです。「ブランド名」と「商品名」の組み合わせを設定するのがおすすめです。例えばブランド名が「パリスパール」なら「paris_pearl」。主力商品としてイヤーカフを販売するなら「paris_pearl.ear_cuff」や「parispearl_earcuff」のようにします。

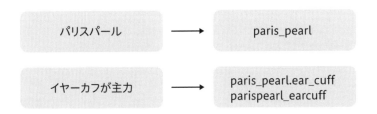

「ユーザーネーム」は、インスタグラムのアカウントページのURL部分にも使用されます。「ユーザーネーム」を変更すると、インスタグラムのページにリンクしているURLも変更する必要が出てくるので注意してください。リンクをクリックしても、あなたのインスタグラムが表示されなくなってしまいます。

https://www.instagram.com/paris__pearl/

次に、「プロフィール写真」を設定しましょう。プロフィール写真は、お店の第一印象を決める重要な要素です。インスタグラムに趣味のハンドメイド作品を投稿する作家さんはたくさんいます。こうした趣味のハンドメイド作家さんたちと差別化するためにも、お店であることを表す「ロゴマーク」やプロのカメラマンに撮影してもらった「あなた自身の写真」を設定し、ショップのブランドをアピールしましょう。

02

検索キーワードを常に意識する

● 発見タブに載ることがフォロワー獲得の近道

　ここまでで、「ユーザーネーム」と「プロフィール写真」の設定が完了しました。続いて「名前」「自己紹介」「ウェブサイト」を設定し、ネットショップへの導線を作りましょう。インスタグラムの画面下に表示される虫眼鏡マークをタップすると、発見タブが表示されます。インスタグラムのユーザーの6割は、この発見タブからアカウントを探し、フォローすると言われています。

　ユーザーは、発見タブの検索バーにキーワードを入力し、表示された検索結果から気になる画像をタップします。タップした先でより詳しい情報を見たり、ネットショップへ遷移したりすることになります。そのため、インスタグラムから自分のショップに集客するには、インスタグラムの発見タブに自分の投稿が掲載されることが重要になります。発見タブに表示されることを最重要に考えて、日々インスタを運用していく必要があります。

▲ インスタグラムの発見タブでキーワードを入力する

● 発見タブに載るためのテクニック

　発見タブに表示されるためには、いくつかのテクニックがあります。最初に、キーワードを組み込んだ「名前」を設定します。「名前」は、発見タブで検索されたキーワードが含まれているかどうかの判定に使われる項目です。そのため、あなたの商品を検索されたいキーワードを含めた名前に設定する必要があります。くれぐれも、専門用語やあなただけの造語など、検索されないワードを「名前」に入力するのは控えましょう。専門用語は同業者にしか検索されませんし、造語はあなたしか検索しません。あなたの商品を知らない人に向けて、商品を説明する際に使う言葉を入力するようにしてください。

　キーワードを選ぶ際は、以下のような方法で、そのワードで商品が検索された場合に違和感がないかどうかを確認することができます。

1

「虫眼鏡」マークをタップし、上部に表示される検索欄に候補のキーワード（ここでは「イヤーカフ」）を入力します。表示される「#イヤーカフ」をタップします。

2

検索結果のページに、あなたの商品が表示されて違和感がないかどうかを確認します。問題なければ、そのキーワードを使用します。

お客さまが途切れない！インスタグラム活用の方法

● 名前には検索キーワードをふんだんに盛り込む

　「名前」には、複数のキーワードを入力しましょう。それだけ検索結果に表示される
キーワードが増え、お客さまへの導線を作ることができます。商品のメインのキー
ワードに加えて、「利用している素材・特徴・ブランド名」など、検索されたいキー
ワードを盛り込んで、全角64文字以内で構成します。キーワードとキーワードの間
は、半角スペースで区切ります。

　「イヤーカフ」を「イヤカフ」と略す場合のように、2種類のキーワードで検索される
ような言葉は、2つとも「名前」に入力します。さらに、ひと目でお店だとわかるよう
に「販売」「通販」などの言葉も入れておきましょう。

> イヤーカフ イヤカフ パール 通販 / パリスパール

　決定した「名前」は、次の方法で入力します。「名前」は連続して2回変更すると、14
日間変更できなくなるので注意が必要です。慌てずじっくり考えて決定するようにし
ましょう。

1

「プロフィールを編集」をタップしま
す。

2

「名前」に「イヤーカフ イヤカフ
パール 通販／パリスパール」と入力
します。

● 自己紹介はフォローされるキーポイント

　次に、「自己紹介」を設定しましょう。「自己紹介」には長文を入力しがちですが、長すぎると読んでもらえません。そこで箇条書きにすることで、ユーザーに読んでもらいやすくなります。箇条書きの頭には絵文字を入れて、お店のスローガンやアピールポイント、実績、取扱い店などの情報を記載しましょう。自己紹介に「@ユーザーネーム」を入力すると、インスタグラムのアカウントページへのリンクとして使用できます。「自己紹介」は、次の方法で入力します。

1

「プロフィールを編集」をタップします。

2

「自己紹介」に、150文字以内で情報を入力します。「自己紹介」は150文字入力することができますが、「続きを読む」をタップしないと、全文が表示されません。わざわざ「続きを読む」をタップしてくれるユーザーは少ないので、「続きを読む」をタップしなくても読める上から4行までに、特に読んでもらいたい情報を入力するようにしましょう。

3

最後に、「URL」にネットショップのURLを入力します。インスタグラムでは、URLを入力できる場所はここしかありません。誤って「自己紹介」欄にURLを書く人も多いので間違えないようにしましょう。URLは複数設定できますが、商品の購入先である「ネットショップのURL」を1番最初に入力します。

自己紹介の要約として 「ハイライト」を設置する

● まずはストーリーズ投稿から始めよう！

　インスタグラムでは、自己紹介の要約として「ハイライト」を設置しておきましょう。「ハイライト」機能を使うと、ストーリーズに投稿した内容を24時間以降もプロフィール上に残しておくことができます。「ハイライト」の内容は、「名前」と「自己紹介」と同じでかまいません。同じ内容をあらためて文字と写真で伝えることによって、ユーザーの記憶に残ります。最近はストーリーズしか見ないユーザーも増えているので、充実した内容にしましょう。ハイライトは、以下の手順で作成します。

1

右上の「+」マークをタップします。

2

メニューから「ストーリーズ」をタップします。

3

ストーリーズに追加する画像を選択します。

4

画像を選択したら、右下の「→」を
タップします。

5

「ストーリーズ」>「シェア」をタッ
プします。

6

「完了」をタップします。

7

ストーリーズをアップすると、アイ
コンにピンクの輪が表示されます。
アイコンをタップすると、ストー
リーズを閲覧できます。

投稿したストーリーズの下部にある
「ハイライト」をタップします。

「ハイライト」の名前を入力します。

プロフィール上に、ハイライトが表
示されます。

ハイライトのカバーを設定する場合
は、「ハイライト」をもう1度タップ
します。ストーリーズが表示される
ので、右下の「その他」をタップし
ます。

12

「ハイライトを編集」＞「カバーを編集」をタップします。

13

「画像アイコン」をタップします。

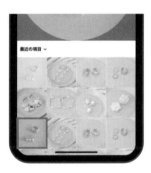

14

ライブラリから、カバー画像に設定する画像を選びます。

15

右上の「完了」をタップします。

お客さまが途切れない！インスタグラム活用の方法

ショップのアカウントでは、「イヤーカフ」「イヤリング」など、商品別のハイライトを作成するとよいでしょう。さらに「お客さまの声」「メディア掲載」「出店実績」など、お店の実績につながるハイライトや、「自己紹介」として、あなたがどのような想いを持ってブランドを立ち上げたのかをまとめておくとよいでしょう。

 column　Canvaの「ハイライト」テンプレートを利用する

ハイライトのカバー画像は、Canvaのテンプレートを活用するのがおすすめです。

1

Canvaの検索欄に「ハイライト」と入力し、検索します。

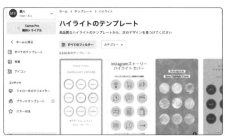

2

ハイライトのテンプレートが表示されるので、ブランドイメージに合うテンプレートを選びます。

206

04 最初に9〜12枚の画像を投稿して「何のお店かわかる」ようにする

● 画面いっぱい使って世界観を表現する

　インスタグラムでは、最初に9〜12枚の画像を投稿して「何のお店かわかる」ようにすることが重要です。インスタグラムのアカウントは、お店のことを知ってもらうための重要な情報源です。アカウントを表示した際、スクロールしなくても見える9〜12枚の画像を使って、ネットショップで何を販売しているのかがわかるようにしましょう。また、これら9〜12枚の画像が、お店のイメージも決定づけます。共通の雰囲気の写真を並べるように注意を払いましょう。

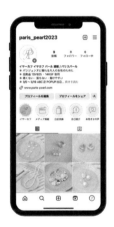

　なお、ショップのアカウントでは、プロカメラマンのように上手な写真を撮る必要はありません。大切なのは、商品の魅力を伝え、ほしいと思ってもらえるような写真を投稿することです。そのためには、次の3つの条件を満たすことがポイントです。

- ・商品の全体像を見せる
- ・サイズ感がわかるようにする
- ・買ったあとのシーンを想像させる

商品写真は、全体像がわかるように撮影してください。お客さまは、商品の細部が気になります。形状や仕様がわかるように全体を撮影することで、商品情報が伝わります。アップで撮った写真では、見切れている部分の形状がわからず、お客さまを不安にさせてしまいます。さらに、商品のサイズ感がわかるような写真も撮影してください。手を添えて撮影することで、商品の実際のサイズが想像できます。

また、商品を買ったあとのシーンが想像できるような商品写真を撮影します。身につけられる商品の場合は、着画を撮影してください。コーディネートなども工夫して、商品がより魅力的に見えるよう心がけてください。飾る商品の場合は、お家に配置した状態の写真を撮影してください。飾ってもらいたいシーンを演出して撮影することで、購入後のイメージを伝えることができます。

▲ リボンブローチショップあとりえそふぃあ
https://www.creema.jp/c/atelier-sofia/item/onsale

▲ リボン商品とフラワーアレンジメント商品のネットショップ rara ribbon
https://www.creema.jp/creator/5808201

投稿前にまずはどのような投稿があるか調べる

　ネットショップのアカウントでは、ショップのページを訪問してもらっただけでは目的は達成できません。画像に興味を持ってもらい、ショップへのリンクをタップしてもらう必要があります。インスタグラムでユーザーの興味を引く画像を用意するには、以下の方法で発見タブに表示される画像を参考にするとよいでしょう。

1

あなたが「イヤーカフ」を販売したいとすると、虫眼鏡マークをタップしてから上部の検索欄に「イヤーカフ」と入力して検索します。

2

「イヤーカフ」というキーワードに紐づく画像や動画が表示されます。表示された画像の中から、好みの画像を見つけ、参考画像にします。

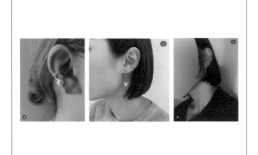

3

参考画像が決まったら、スクリーンショットを撮って、Googleスライドなどに貼り付けます。これを「撮影ラフ」と言います。撮影ラフを参考に、商品撮影を行いましょう。

お客さまが途切れない！インスタグラム活用の方法

インスタ初心者は「リール投稿」を強化する

● バズらせたいならリール投稿が1番

「リール」は、最大90秒のショート動画をシェアする、今もっとも注目されているインスタグラムの機能です。スマートフォンで撮影した動画や静止画をアップロードしてつなぎ合わせ、音楽を挿入することもできます。人気投稿に載ることとリールがバズることは、大量のリーチを獲得するためのカギになります。リールの投稿は、インスタグラムが予測した1人1人の興味の度合いに基づいて表示されます。

インスタグラムの公式サイト(https://creators.instagram.com/)によると、リールは見て楽しんでもらうことが特に重要とされています。フォロワーが少ないアカウントでも、投稿したリールが発見タブに表示される可能性があります。そうすれば、短い期間でフォロワーを増やすことが可能です。これからアカウントを育てていく人にとって、リールを強化することは非常に重要です。

インスタグラムがリールについて重要視しているポイントは、以下の3つになります。

・最後まで見られる
・いいねされる
・コメントされる

この3つを踏まえたリールを作成するようにしましょう。

● リール投稿の方法

　それでは、リール投稿の作成方法を解説します。まずは、これから動画を撮影する場合の方法です。

1

右上の＋マークをタップします。

2

「リール」をタップします。「カメラ」をタップします。

3

下方中央にある「○」をタップして、動画を撮影します。

● 撮りためている動画から作る

　あらかじめ撮影しておいた動画や静止画を選択して、リールを作成することもできます。その場合は、下記の手順で操作します。

1

P.211の手順1、2の方法で「新しいリール動画」の画面を表示します。スマートフォン内の動画や写真が保存されているライブラリが表示されるので、動画をタップします。

2

動画をタップすると、タイムラインが表示されます。タイムラインの両端にある白いボタンを長押ししながら、必要な部分までトリミングします。トリミングが完了したら、右上の「次へ」をタップします。

3

リール素材の加工画面が表示されます。リールの加工を行う場合は、P.214へ進んでください。

● リール動画をあとからトリミングする

　リール素材は、必要な部分をあとからトリミングすることもできます。左下の「動画を編集」をタップすると画面下にタイムラインが表示されるので、タイムラインの両端にある白いボタンを長押ししながら、必要な部分まで縮めていきます。トリミングが完了したら、画面中央右にある「→」をタップします。

● リール素材を加工する

リール素材を加工する際は、4種類の素材を使用します。右から次のような分類になっています。

❶文字入れ
❷GIFスタンプ
❸エフェクト
❹ミュージック

1

❶の「文字入れ」をタップすると、文字を入力し、デザインや色を変更できます。フォントが表示されるので、好きなフォントを選びます。

2

文字の色を変更する場合は、上部に表示されるカラーパレットのボタンをタップします。カラーパレットが表示されるので、好きな色を選びます。加工が完了したら、右上の「完了」をタップします。

3

文字を表示する長さを指定する場合は、左下の「動画を編集」をタップします。画面がタイムラインに切り替わるので、文字の表示範囲を指定します。

4

❷の「GIFスタンプ」をタップすると、GIFスタンプが選べます。「GIF」をタップし、検索欄にキーワードを入れて、好みのGIFスタンプを探します。

5

❸の「エフェクト」をタップすると、エフェクトが選べます。

6
___

❹の「ミュージック」をタップする
と、リールで流れる音楽が選べま
す。おすすめに表示された音楽から
選ぶ方が、再生回数が増えるのでお
すすめです。

7
___

音楽を選択すると、サビの部分が自
動で選択されます。問題なければ、
右上の「完了」をクリックします。

8
___

音楽のボリュームを下げたい場合
は、もう1度「ミュージック」をタッ
プして「管理」をタップします。音
量コントロール画面が表示されるの
で、カメラ音源を0にし、ミュー
ジックの音量を調整します。「完了」
をタップします。

● リールを投稿する

1

キャプションを入力します。 キャプ
ションは、作成したリールの内容を
説明する内容にしてください。

2

最後に、「フィードでもシェア」を
ONにした状態で、ページ下の「シェ
ア」を タップ すれば完了です。
「フィードでもシェア」をONにして
おくと、プロフィールグリッドに
リールが表示され、再生回数が伸び
る傾向にあります。

3

なお、手順2の画面で「カバーを編
集」をタップすると、リールの表紙
にしたい写真をライブラリから選択
することができます。アカウントの
世界観が壊れないように、表紙にす
る画像をあらかじめ用意しておきま
しょう。

06

投稿に「商品タグ」を設置して
ネットショップに来てもらう

● 商品タグでネットショップのアクセス数を増やす

　インスタグラムの準備が整ったら、投稿に「商品タグ」を設置して、ネットショップへのリンクを作成しましょう。インスタグラムの投稿のうち、商品タグを設置できるのは「フィード投稿」と「ストーリーズ投稿」です。商品タグを活用して、インスタグラムに訪問してくれたお客さまがネットショップへ遷移してもらえるようにしましょう。

▲ 投稿に「商品タグ」を設置する

● プロアカウントに切り替える

「商品タグ」を利用するには、インスタグラムのアカウントを「プロアカウント」に変更する必要があります。

1

ハンバーガーメニューをタップし、「設定」>「設定とプライバシー」をタップします。

2

「アカウントの種類とツール」>「プロアカウントへ切り替える」をタップします。

3

「次へ」を繰り返しタップしていくと、「事業主ですか？」と表示されます。「ビジネス」を選択し、「次へ」をタップします。

お客さまが途切れない！インスタグラム活用の方法

4

「連絡先情報を確認してください」と
表示されたら、「ビジネスの公開情
報」にメールアドレスや電話番号を
入力します。個人情報を入力したく
ない場合は、画面下の「連絡先情報
を使用しない」をタップすると、個
人情報を入力せずに先に進むことが
できます。

5

「次へ」をタップしていくと、インス
タグラムとFacebookの情報共有の
許可を求められます。「続ける」を
タップすると、Facebookのログイ
ン情報を求められるので、パスワー
ドを入力し「ログイン」をタップし
ます。

6

最後に、プロアカウントを設定する
ためのステップが表示されます。時
間があれば、1つずつ設定していき
ます。時間がなければ、右上の「×」
をタップして表示を閉じます。

● 商品タグの設定はパソコンで行う

インスタグラムの投稿に商品タグを設置するには、Facebookページを作成し、インスタグラムとFacebookページをリンクさせる必要があります。スマートフォンでも設定は可能ですが、情報の入力やURLのコピーなど煩雑な操作があるため、パソコンでの設定をおすすめします。

1

Facebookのサイドメニューで「もっと見る」をクリックして、「ページ」をクリックします。

2

「新しいページを作成」をクリックします。

3

「ページ名（必須）」に、ブランド名「Paris pearl」を入力します。「カテゴリ（必須）」には、アクセサリーなら「アクセサリー」、アパレルなら「アパレル」のように入力します。「Facebookページを作成」をクリックすると、Facebookページが作成されます。

お客さまが途切れない！インスタグラム活用の方法

4

「次へ」をクリックするたびに、ページが切り替わります。必須項目はないので、何も入力せず「次へ」をクリックします。

5

「WhatsAppをページにリンク」と表示されますが、「スキップ」をクリックします。

6

「ページのオーディエンスを増やそう」と表示されますが、「次へ」をクリックします。

7

「ページに関する情報をチェック」と
表示されたら、「完了」をクリックし
ます。

8

「新しいページにようこそ！」と表示
されたら、「ガイドを見る」をクリッ
クします。

9

「ページとプロフィールを簡単に切
り替えられます」と表示されたら、
「次へ」をクリックします。

10

「作業をすばやく完了」と表示された
ら、「次へ」をクリックします。

お客さまが途切れない！インスタグラム活用の方法

11

「ページのフィードをチェック」と表示されたら、「完了」をクリックします。

12

「管理」をクリックします。

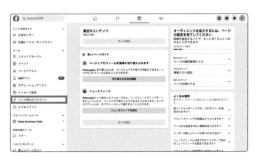

13

左のサイドメニューの「リンク済みのアカウント」をクリックします。

14

「アカウントをリンク」をクリックします。

15

「リンクする」をクリックします。

16

「実行」をクリックします。

17

商品タグを設定したいインスタグラムアカウントにログインします。

18

インスタグラムにログインできたら、リンクは完了です。

お客さまが途切れない！インスタグラム活用の方法

なお、インスタグラムアカウントが、すでに別のFacebookページにリンクされている場合は、設定ができないので注意してください。その場合は、別のFacebookページのリンクを解除してから、新しいFacebookページとインスタグラムをリンクしてください。

● 商品タグが設定できるネットショップは限定されている

これで、Facebookとインスタグラムのリンクを作成できました。いよいよ、ネットショップとFacebookページ、インスタグラムを連携しましょう。ここでは、インスタグラムとの連携が簡単なBASEを使った方法を解説します。本書刊行時、インスタグラムに連携できる無料出店可能なネットショップはBASEとStoresに限られています。他のネットショップでは、インスタグラムとの連携はできません。

1

BASEの「Apps」をクリックします。

2

「Instagram販売」をクリックします。

3

「インストール」をクリックします。

4

「Facebookと商品情報を連携する」
をクリックします。

5

Facebookが立ち上がるので、「次
へ」をクリックします。

6

「○○（あなたの名前）としてログイ
ンしますか？」と表示されたら、「○
○（あなたの名前）としてログイン」
をクリックします。

7

「ショップを開く」画面が表示された
ら、「スタート」をクリックします。
「ビジネスマネージャを選択」画面で
は、設定しているアカウントに
「チェック」を入れ、「次へ」をク
リックします。

お客さまが途切れない！インスタグラム活用の方法

8

「Facebookページにリンク」画面が表示されたらFacebookページに「チェック」を入れ、「次へ」をクリックします。続いてリンクされているインスタグラムのアカウントを選択し、「次へ」をクリックします。

9

「カタログを作成」画面では、あらかじめ入力されているカタログ名はそのままにして、「次へ」をクリックします。作成したカタログに「チェック」を入れ「次へ」をクリックし、広告アカウントはスキップします。

10

続いて、ピクセルを選択し、「次へ」をクリックします。ピクセルとは、ウェブサイトに設置するコードのことです。ピクセルを設置することで、ウェブサイトで実行されたアクションを把握し、宣伝効果を測定することができます。何も表示されない場合は、「新規作成」をクリックして、ピクセルを作成してください。

11

コマースアカウントを作成します。コマースアカウントにはブランド名を入力し、「次へ」をクリックします。作成したアカウントに「チェック」を入れ、「次へ」をクリックします。

12

「設定確認」画面でこれまでの設定を確認し、「次へ」をクリックします。BASEのアクセス許可をすべて「はい」にして、「次へ」をクリックします。

13

「ウェブサイトドメインの確認」画面が表示されたらBASEのドメインであることを確認し、「次へ」をクリックします。「審査を申請する」をクリックすると、完了ページが表示されます。

14

これで、インスタグラムとネットショップの間に連携が作られました。販売を開始できるようになると、Meta社からメールが届きます。

　BASEに商品を登録すると、48時間以内に商品が自動でFacebookページに追加されます。Facebookページに追加された商品は、インスタグラムの投稿とストーリーズに商品タグをつけることができるようになります。

　インスタグラムとの連携は、ネットショップによって設定方法が異なります。「ネットショップ名 インスタ設定方法」で検索すると、設定方法の詳細を調べることができます。そちらも合わせて参考にしてください。

● インスタグラムでの商品タグの表示

　それでは、インスタグラムの投稿に商品タグを設置しましょう。最初に、インスタグラムの投稿でどのように商品タグが表示されるのかを解説します。インスタグラムの投稿画面をタッチすると、黒い吹き出しが表示されることがあります。これが「商品タグ」です。

　この吹き出しをタップすると、ページが切り替わり、「ウェブサイトで見る」というボタンが表示されます。

　このボタンをタップすると、連携先のネットショップに遷移します。ユーザーは、遷移先のネットショップで商品を購入することができます。

● 商品タグをつけて投稿する

最初に、投稿画像に「商品タグ」を設定する方法を解説していきます。

1

画像の投稿画面で、「商品をタグ付け」をタップします。

2

タグをつけたい場所をタップします。タグ付けしたい商品を選び、「完了」をタップします。

3

商品を選択し、タグの位置を調整します。「完了」をタップします。

4

シェア前に、「商品をタグ付け」欄に商品が登録されていることを確認して投稿します。

お客さまが途切れない！インスタグラム活用の方法

● 商品ページへの「リンク」をつけてストーリーズを投稿する

次に、ストーリーズに商品ページへの「リンク」スタンプを設定する方法を解説します。

1

ストーリーズの投稿画面で、GIFスタンプアイコンをタップします。

2

「リンク」スタンプをタップします。

3

商品ページのURLを入力し、代替テキストとなるスタンプテキストを設定します。「完了」をタップします。

4

ストーリーズの投稿画面に戻るので、「リンク」スタンプの位置を調整し、ストーリーズを投稿します。

column　インスタグラムでのハッシュタグの役割は？

インスタグラムでは、かつてハッシュタグは流入を増やすために使われていました。しかし、2022年1月の仕様変更により、ハッシュタグからの流入はほぼ見込めない状態になりました。現在、ハッシュタグをつける目的は、インスタグラムに投稿のジャンルを認識してもらうことに絞られています。そのため、投稿内容に関連するハッシュタグをつけることが重要です。

ハッシュタグは、ビッグタグとミドルタグ、スモールタグを混ぜて設定します。それぞれの基準は、以下のようになります。

- ・ビッグタグ：30万件以上
- ・ミドルタグ：1万〜30万件
- ・スモールタグ：1万件以下

一度決めたハッシュタグは、インスタグラムにあなたのジャンルを認識させるため、固定して使用するようにします。それに加えて、毎日の投稿に合わせたハッシュタグを混ぜるようにします。このハッシュタグは、ブランド名やオリジナルの用語でも構いません。

ハッシュタグは最大で30個までつけることができますが、公式サイト（https://creators.instagram.com/）では5個までが推奨されています。

07 「いいね・インプレッション・リーチ」の数を調べてパターン化する

● インサイトを見ればすべてがわかる

あなたがインスタグラムを活用するのは、ネットショップの認知度を拡大させることが目的です。そのためには、しっかりと数字を見て、投稿による効果を分析する習慣を身につける必要があります。そのために利用するのが、「インサイト」です。

「インサイト」を利用するには、「商品タグ」と同様、「プロアカウント」への変更が必要です (P.219)。「インサイト」では、「プロアカウント」に変更した時点からの数字が蓄積されるため、それ以前の実績は反映されません。

「プロアカウント」に変更すると、プロフィール欄の下に「プロフェッショナルダッシュボード」というボタンが表示されます。そのボタンをタップすると、「プロフェッショナルダッシュボード」の詳細が表示されます。

インスタグラムで新規のお客さまにあなたの商品を見つけてもらうためには、インスタグラムの「発見タブ」に載ることが最善の方法です。そのためには、以下の5つの項目の精度を高めていく必要があります。

- ・いいね！
- ・コメント
- ・保存
- ・滞在時間
- ・プロフィールの表示

　これらの項目はいずれも、フォロワーとの関わりの強さを数字で表現したものになります。この数字を「エンゲージメント率」と呼びます。「エンゲージメント率」が高いほど、「発見タブ」に載りやすいアカウントになります。「発見タブ」に載るためには、「プロフェッショナルダッシュボード」を分析して、エンゲージメント率を上げる戦略を立てます。エンゲージメント率は、プロフェッショナルダッシュボードを見ることで分析できます。

　プロフェッショナルダッシュボードの画面を開き、「あなたがシェアしたコンテンツ」をタップします。「コンテンツ」が表示されます。

お客さまが途切れない！インスタグラム活用の方法

上部に表示される「すべて」をタップすると、「コンテンツタイプ」のメニューが表示されます。「投稿」を分析したい場合は、「投稿」をタップします。

　上部に表示される「過去30日感」をタップすると、「期間を選択」のメニューが表示されます。すでにインスタグラムを運用している人は期間を長くして調査したいので「昨年」をタップし、過去1年間の投稿を表示させるのがよいでしょう。慣れてきたら、月末に「過去30日間」をタップして、その月の投稿の中でどの投稿が評価が高かったのかを調べます。

上部に表示される🔄をタップすると、「並び替えとフィルター」のメニューが表示され、「指標」をタップすると各項目が表示されます。そこで「いいね！の数」「コメント数」「フォロー数」「プロフィールの表示数」「リーチ」「保存数」をタップすると、数が多い順に投稿画像が表示されます。

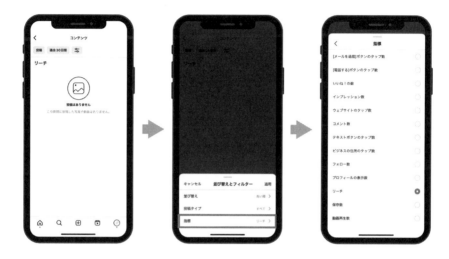

　「いいね！の数」「コメント数」「保存数」「プロフィールの表示数」の多い投稿は、反応のよかった投稿として、翌月も同じような画像とキャプション内容で投稿してみましょう。翌月も同じように反応がよければ、毎月の投稿内容として採用します。このようにして、「プロフェッショナルダッシュボード」を使ってその月に反応のよかった投稿を定期的に投稿することで、あなたのアカウントは強くなっていきます。

　インスタグラムでは、1個の投稿の反応がよかったからといって、発見タブにすぐに載るというわけではありません。毎日の投稿の質を高めることにより、アカウント全体の評価が高まらないと、発見タブには載りません。特にアカウントを作った初期の段階では、毎日の投稿を計画的に行い、「プロフェッショナルダッシュボード」を分析することで、投稿の精度を高めるようにしてください。

エンゲージメント率を上げることで
人気投稿に表示されやすくなる

● フォロワーとの関係性がアカウントの力を強くする

　インスタグラムでは、フォロワーとの関係性がよいほど、「よいアカウント」だと判断されます。そのため、インスタグラムを効果的に活用するためには、フォロワーとの間で良好な関係を築く必要があります。その指標となるのが、投稿に反応したユーザーの割合を示す「エンゲージメント率」です。

　エンゲージメント率を上げるには、「ダイレクトメッセージ (DM)」を活用することが大切です。ホーム画面の右上にある「吹き出しアイコン」を選択すると、メールの受信箱のような「ダイレクトメッセージ (DM)」が表示されます。ここでの頻繁なメッセージのやり取りが、エンゲージメント率を上げることにつながります。「ダイレクトメッセージ (DM)」では、フォローしてくれたアカウントに対して、フォローのお礼を伝える挨拶メッセージを送信するのがおすすめです。フォローすることによるメリットなどを書いた、以下のような定型文を用意しておくと便利です。

> ○○さん
> フォローありがとうございます！
>
> 当店のアクセサリーの紹介とイヤーカフのコーデ情報を
> 配信しています。インスタグラムフォロワー限定のキャンペーンも
> 開催していますので、ご参加頂ければうれしいです。
>
> よろしくお願いします。

　また、フォロワーのストーリーズに「クリックリアク
ション」をするのも効果的です。「クリックリアクショ
ン」では、ワンクリックで「拍手」「ハート」などの反応
を送ることができます。

　リアクションを受けたユーザーは、ホーム画面右上の
「吹き出しアイコン」に通知が届きます。

　最後に、ストーリーズでアンケートを取る方法があります。アンケートは、ストー
リーズの投稿画面で「GIFアイコン」をタップし、「アンケート」をタップします。「ア
ンケート」は、「はい」「いいえ」などで答えられる簡単な質問を投げかけるのがポイン
トです。ストーリーズを見た人が、リアクションしないで通りすぎていくことを防ぐ
ようにします。多くの人が面倒だと感じる、記述式の質問などは控えましょう。

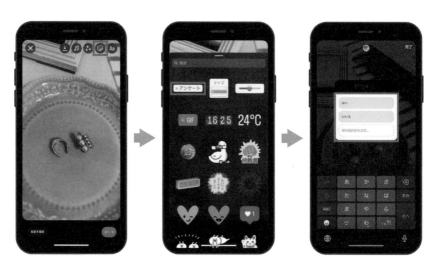

本書にご協力いただいた ネットショップ

リボンとフラワーアレンジメント

リボン商品とフラワーアレンジメント商品のネットショップ rara ribbon

https://www.creema.jp/creator/5808201/item/onsale

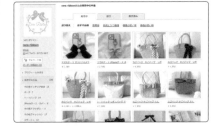

リボンブローチ

リボンブローチショップ
あとりえそふぃあ

https://www.creema.jp/c/atelier-sofia/item/onsale

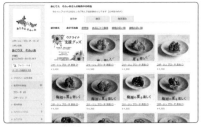

シルバーアクセサリー

シルバーアクセサリーショップ
FUMIKO JEWELRYWORKS

https://fumikojw.handcrafted.jp/

ヘアアクセサリー

ヘアアクセサリーショップ
pumehana（プメハナ）

https://www.creema.jp/c/pumehana-flower

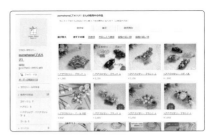

ポリマークレイのヘアアクセサリー

ポリマークレイショップ
Vida feliz（ヴィータ フェリース）

https://minne.com/@vida-feliz

ヘアクリップ・リボン

量産型リボン専門店
RuRu ♡ PuPu

https://minne.com/@ruru-pupu

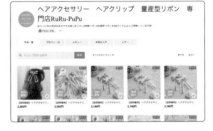

フラワーギフト

フラワーギフト専門店
Rosetta

https://store.shopping.yahoo.co.jp/rosetta-bouquet/

ミニ手鞠

ミニ手まり専門店
さく羅

https://www.creema.jp/creator/3907086/item/onsale

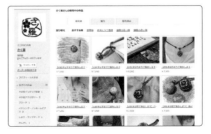

編みぐるみ

クスッと笑えるあみぐるみショップ
Happy&Smile 工房

https://www.creema.jp/creator/818884/item/onsale

布花のアクセサリー

布花・紙花アクセサリーショップ
ETERNALROSE

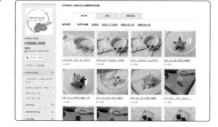

https://www.creema.jp/creator/553997/item/onsale

耳つぼジュエリー

耳ツボジュエリーショップ
wacca

https://waccanoheya.base.shop/

ワイヤー・レジンアクセサリー

アクセサリーショップ
keimiilagun

https://minne.com/@keimiilagun

ミツロウラップ・キャンドル

ミツロウラップ、キャンドルショップ
OzKoi

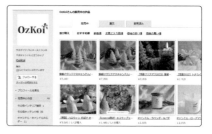

https://www.creema.jp/c/ozkoi/item/onsale

筆文字アート

筆文字アート
ゆらり

https://minne.com/@yurari-tm

押し花グッズ

押し花工房
和（なごみ）

https://ateliernagomi.com/

ヘアクリップ・リボン

メキシコ雑貨店
Tabi Toki

https://tabitoki.base.shop/

ぬいぐるみ・バックチャーム

ぬいぐるみ・バッグチャームショップ
kanano ♡

https://minne.com/@imehi

イヤーカフ

イヤーカフ専門店
orie

https://minne.com/@orie27

布ナプキン おりものライナー

布ナプキン、おりもの用布ライナー専門店 agio

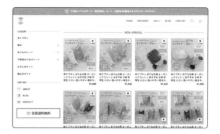

https://nunonapuagio.base.shop/

マクラメアクセサリー

マクラメアクセサリーショップ Polaris

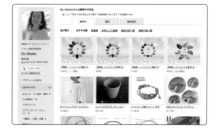

https://www.creema.jp/creator/2433233/item/onsale

ワイヤークロッシュ

ワイヤークロッシェショップ sweet ranunculus

https://minne.com/@sweet-ranun

フラワーギフト

あなたの記念日を彩るフラワーギフト フラワーギフト専門店 soleil

https://minne.com/@nasika

フラワーデザイン

フラワーデザインショップ Bonne Chance

https://minne.com/@bonne15

着物リメイク

着物リメイクショップ
towani

https://shop.towani-nippon.shop/

ドール服

ドール服の製作・販売ショップ
プティパ工房

https://petitpascobo.base.shop/

つまみ細工

つまみ細工の髪飾りショップ
つき花

https://www.creema.jp/c/tsukihana_tsumami

リボン・バレッタ

リボンバレッタショップ
Blooming

https://blooming358.base.shop/

天然石

天然石ショップ
crystalrosa

https://shop.crystalrosa-style.com/

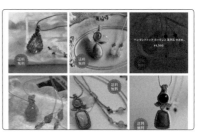

索引

索引

最後まで読んでいただきありがとうございます。

ここでは、最後にここまで読んでくれたあなたにだけ
少しだけ恥ずかしい話をしたいと思います。

最後なので、ここからのメッセージをあなたに向けてお伝えします。

わたしは2013年、WEBデザイナーとして会社で働きながら、ブランド
「ラシエスタホリデーショップ」を立ち上げました。当時はハンドメイド
ブームの真っ只中で、ブランドを立ち上げて、そのブームに乗っかりた
い気持ちでした。

それまでのわたしは日本最難関とされる東京藝術大学美術学部に入学し、
学部卒業後も大学院へ進学し、その間にイギリス留学もしているので、
合計7年もの長い間、東京藝術大学という専門機関で学びました。

そこでアーティストになることだけを夢見て、作品を世界中で発表して、
生きていくような人生を送れると信じてやまないでいましたが、才能あ
る同級生との実力の差を見せつけられ、自分の才能のなさを自覚し、作
品を作ることもできなくなる始末でした。逃げるような気持ちで社会人
になるのですが、そこからも自分が思い描いていたような職に就くこと
はできず、気持ちを切り替えて、デザイナー職に就くまで3年かかりま
した。

晴れてWEBデザイナーとして就職してからは、大好きなクリエイティブ
をして、お金をもらえるなんて天職だと思いました。会社で作った成果
物が褒められるたびに、失っていた自信を取り戻していきました。

そして、平日は会社員として働き、会社終わりや土日の時間を利用して、
イベント出店をしている人がいることを、デザイナーの友人から聞きま
した。これが人生の転機となり、わたしもブランドを立ち上げて、イベ
ント出店したい！と思うようになりました。

それから3ヶ月ほど準備をして、東京ビッグサイトで開催されるプロ・
アマチュア問わず、「自由に表現できる場」を提供するアートイベント
「デザインフェスタ」に出店をしました。ここからわたしのハンドメイド
副業が始まります。しかし、忘れもしない11月2日と3日、土日両日出
店したのですが、1つも売れない…売れないどころか、ブースの前に立

ち止まってくれる人もいないという、悲しい結果に終わります。

そこで商品を販売する厳しさを身をもって体験し、半ばやけくそになり、次々と目につくハンドメイドイベントに出店するのですが、結果は惨敗。どこでどうやっても売れないという事態になっていきます。そこから起始回生するきっかけになったのが、

何を作って売りたいかではなく
何なら売れるのか？

に照準を絞って、販売する商品を根本から見直したことでした。

その結果、翌年2014年5月に開催された「デザインフェスタ」では、人だかりができるほど大盛況となり、商品が完売するほどの売上を上げることができました。

それから4年間の副業期間では、精力的にイベント出店をして、多い時は毎週末イベント出店をしていました。その後、大手百貨店からの催事出店依頼や出版社からの出版依頼を得て、副業でなく本業にしようと考えるようになり、2017年4月に株式会社ラシエスタを設立します。会社にしてからもイベント出店を繰り返していましたが、イベント出店や委託販売では利益を十分に確保することができず、経営状態はあっという間に悪化していきます。いつ倒産してもおかしくない状況から抜け出すことができたのは、ネットショップのおかげでした。

ネットショップに出会えたことで、わたしの人生は好転していきました。

拘束時間の長い販売員をしながら商業施設で販売するよりも、
お家にいながら商品を販売することができるネットショップは、
おひとりさま起業に向いています。

本書に書いてあるように、売れるネットショップを構築していけば、
自動販売機のように勝手に売れるようになります。
商品のセールスを一手に引き受ける頼もしい営業部になってくれます。

あなたは営業を手放すことができるので、
商品の企画・開発や製造に専念することができます。

だからわたしは、自分の経験からも
ネットショップで商品を販売することをあなたにおすすめします。

わたしのハンドメイド起業ストーリーにご興味ある方は、
こちらのブログをご覧ください。

ブログでは、画像付きでストーリーをご覧いただけるので
臨場感が伝わります。

この本を読んでくれて
そしてここまでたどり着いてくれてありがとうございます。
あなたは新しい販路となるネットショップ販売法を手に入れました。

あとは、この本に書いてあることを１つずつ実行していってください。
すべて実行すれば、あなたの商品はネットショップで売れるようになっ
ていきます。

とは言っても「自分１人で大丈夫かな。わたしのブランドならどういう見
せ方をしたらいいのだろう？　そもそもパソコンが苦手だから大丈夫か
な？」と思ったりもしますよね。

大丈夫です。そんなあなたの気持ちも、わたしは理解しています。

本書で紹介した「ネットで売れるハンドメイド副業で月10万円稼ぐ方
法」を、さらにわかりやすく５日間連続の動画講座で詳しく解説します！
もっと具体的に行動できるための３つのツールも、無料で特別プレゼン
トします。

特典① あなたの出店すべきネットショップが3秒でわかる！
　　　ネットショップ診断シート
特典② 本当は教えたくない！商品撮影テクニック解説動画
特典③ 毎月無料ライブ配信セミナーが受け放題！
　　　Facebookグループにご招待

次のQRコードから、わたしをLINEの友だちに追加してください。
最初にあなたに届く動画講座はどんな動画でしょうか？
楽しみにしていてくださいね。
https://lin.ee/9dWFX4b

ただし期間限定なので、お早めに。

しかも、LINE公式アカウントにご登録いただきましたら、本書を購入いただいた方限定でいつでもわたしにご相談いただくこともできます。

最後になりましたが「ネットで売れるハンドメイド副業で月10万円稼ぐ本」を出版させていただける機会をいただきました技術評論社 担当編集者の大和田洋平さんにお礼を申し上げます。

また、こうした実践的な内容を本に書くことができるのは、副業時代一緒にブランドを立ち上げて、運営してくれた友人の加藤真由美さん。そして現在ブランドからスクールまで一緒に運営してくれている山田裕輔さんのおかげです。

そして、物販ビジネススクールでご縁をいただいたみんながいてくれたからです。みんなが意欲的にわたしの講座に参加してくれたおかげで、講座の内容がどんどん磨かれていきました。

稲田富美子さん／宇野ちか子さん／岡原初枝さん／小野織衣さん／片岡厚子さん／加部智子さん／黒田喜美代さん／小林みどりさん／三枝知子さん／坂元おりえさん／笹子智子さん／柴田佳代さん／新村あやさん／杉未希さん／高田律子さん／田口晶子さん／築山桂子さん／土井香織さん／友部ゆかりさん／中西智里さん／野口恵子さん／半田加奈枝さん／平山ほづみさん／北條優紀さん／松本ちはるさん／水沼景子さん／宮城めぐみさん／やぐちゆきさん

この場を借りてお礼の言葉を伝えさせてください。
ありがとうございます。

最後に、ここまで読んでくれたあなた。
好きなことを仕事にするためには、それなりにやるべきことをやるための時間を確保しなくてはいけません。この本を読み終えたあなたは、家事や育児、介護、仕事で忙しい毎日を過ごしていると思います。忙しい毎日の合間を縫って、この本で学んだことを実行していってください。

あなたと同じようにわたしから学んだ受講生たちは、お子さんがいたり、介護をしていたり、お勤めをしていたり、さまざまな環境の中で、集中して学ぶと決めて物販ビジネススクールに入学されています。学ぶと決めたからには、いつもより早く起きたり、遅くまで起きたりしながら作業時間を確保しています。

さらに、頑張ると決めた期間だけは、家族の協力を得て、子どもを預けて、作業時間を確保してみてくださいね。長い人生の中で、今だけは集中して取り組む時間を確保してください。その時間を割けるか、割けないかであなたの人生は大きく変わります。

わたしはせっかくこの本でご縁をいただいた方には、ハンドメイド副業を成功させて、起業するステップを進めてもらいたいと心の底から思っています。作業を進める上で困ったことがあれば、お伝えしたLINE公式アカウントからご連絡ください。

それでは、本当に最後の最後まで読んでいただき
ありがとうございました。

山口 実加

著者プロフィール

山口実加 (やまぐち みか)
物販コンサルタント

株式会社ラシエスタ代表。1985年神奈川県横浜市育ち。東京藝術大学大学院美術研究科修了。WEBデザイナーとして働きながら、ペアアクセサリー専門店「ラシエスタホリデーショップ」を始める。2017年4月、株式会社ラシエスタ設立。家にいながら仕事ができるネットショップ販売に注目。インスタグラムとネットショップを掛け合わせた独自の販売メソッドを開発し、半年で月商100万円以上の売上に成功。楽天市場ランキング、Yahooショッピングランキング1位多数獲得。現在はブランド運営をしながら「ハンドメイド物販スクール」を主宰し、1,000人以上に講義を行う。Facebookオンラインサロン：1,144人 / インスタグラム【山口実加公式】フォロワー10,873人【アクセサリーショップ】フォロワー6,440人 / メルマガ：登録者数3,126人 / LINE公式：登録者数580人（2023年8月6日現在）

- ブックデザイン ･･････････････ 坂本真一郎（クオルデザイン）
- カバーイラスト ･･････････････ 髙内彩夏
- レイアウト・本文デザイン ･･･ 株式会社リンクアップ
- 編集 ･･･････････････････････ 大和田洋平
- 技術評論社Webページ ･･････ https://book.gihyo.jp/116

- **お問い合わせについて**

本書の内容に関するご質問は、下記の宛先までFAXまたは書面にてお送りください。なお電話によるご質問、および本書に記載されている内容以外の事柄に関するご質問にはお答えできかねます。あらかじめご了承ください。

〒 162-0846
新宿区市谷左内町 21-13
株式会社技術評論社　書籍編集部
「ネットで売れるハンドメイド副業で月 10 万円稼ぐ本」質問係
FAX番号　03-3513-6167

なお、ご質問の際に記載いただいた個人情報は、ご質問の返答以外の目的には使用いたしません。また、ご質問の返答後は速やかに破棄させていただきます。

ネットで売れるハンドメイド副業で月10万円稼ぐ本

2023年9月 8日　初版　第1刷発行
2024年3月14日　初版　第2刷発行

著　者　　山口　実加
発行者　　片岡　巌
発行所　　株式会社技術評論社
　　　　　東京都新宿区市谷左内町 21-13
　　　　　電話 03-3513-6150　販売促進部
　　　　　　　 03-3513-6160　書籍編集部
印刷／製本　日経印刷株式会社

ISBN978-4-297-13639-0 C1033
Printed in Japan